Christine Kuhlmann

Das Wichtel-Weihnachts-Backbuch

Schabernack und Backspaß mit 50 zauberhaften Rezepten

EMF
EIN BUCH DER EDITION MICHAEL FISCHER

Vorwort

Wenn es draußen kalt und ungemütlich wird, es wunderbar nach Plätzchen duftet und Kerzenschein die Räume erstrahlen lässt, ist sie wieder da: die magische Vorweihnachtszeit.

Aber nicht nur wir Menschen bereiten uns auf das Weihnachtsfest vor, auch die kleinen Weihnachts-Wichtel tun das: Sie backen, basteln und helfen dem Weihnachtsmann, wo sie nur können.

In diesem Buch findet ihr eine große Auswahl ihrer leckersten Winterrezepte. Neben klassischen Plätzchen warten auch fluffiges Hefegebäck, festliche Torten, Brot- Aufstriche, Bratäpfel, heiße Getränke, herzhafte Leckerbissen und noch viel mehr auf euch.

Und vergesst bloß nicht, eurem Wichtel etwas Leckeres vor die Tür zu stellen. Am liebsten mag er sicherlich „Risengrød". Das ist der skandinavische Milchreis von Seite 78. Natürlich dürfen Zimtzucker und der extra Klecks Butter nicht fehlen. Ihr möchtet euren Weihnachtswichtel ja schließlich nicht verärgern. 😊

Ich wünsche Euch eine wichtelige & wunderschöne Weihnachtszeit.

Eure Chrissi

Ach, ist die Weihnachtszeit nicht die schönste Zeit des Jahres? Über die letzten Monate haben wir kleinen Wichtel den Menschen geholfen, wo wir nur konnten … Na ja, vielleicht haben wir uns auch ab und zu den ein oder anderen Spaß mit ihnen erlaubt, aber im Großen und Ganzen sind wir Wichtel doch ein braves Völkchen …

Im Advent, wenn es draußen kalt und abends früh dunkel wird, geht es aber für uns besonders hoch her: Es wird gebastelt, gekocht, aber vor allem gebacken, was das Zeug hält. Süßer Plätzchenduft strömt aus allen Backstuben und mit den süßen Naschereien und festlichen Backwerken zaubern wir allen ein Lächeln ins Gesicht – egal ob Groß oder Klein!

Aber auch wir kriegen nicht immer alles gebacken und brauchen Helferlein …

Ich habe unsere besten Rezepte in diesem Buch aufgeschrieben und auch noch ein paar Tipps und Tricks für euch gesammelt, damit beim Backen nichts mehr schiefgehen kann.

Also, falls ihr gerade nichts Besseres zu tun habt (was sollte es auch Besseres geben, als gemeinsam zu backen?) – dann einmal die Ärmel hochgekrempelt, an die Rührschüsseln und Schneebesen, fertig? Los!

EUER OLE

P. S. Ich tauche im Laufe des Buchs immer mal wieder auf, um euch auf die Finger zu schauen – könnt ihr mich überall finden?

Inhaltsverzeichnis

Wichtige Wichtelweisheiten

Bevor es mit dem Backen losgeht, habe ich hier ein paar nützliche Tipps & Tricks für euch, die euch beim Backen helfen können. Außerdem gibt es hier auch noch hilfreiche Infos zu verschiedenen Zutaten und Gewürzen.

Auf die Plätzchen, fertig, los!

Wichtige Wichtelweisheiten

Bezeichnungen & Abkürzungen

1 Prise = Eine Prise (z. B. eine Prise Salz), ist die Menge, die zwischen Daumen und Zeigefinder passt.
Msp. = Messerspitze. Hier ist die Menge gemeint, die auf die Spitze eines Besteck-messers passt.
Pck. = Packung/Päckchen (z. B. 1 Pck. Vanillezucker)
EL = Esslöffel
TL = Teelöffel
cm = Zentimeter (1 cm = 10 mm)
g = Gramm
kg = Kilogramm (1 kg = 1000 g)
l = Liter
ml = Milliliter
¼ l = 250 ml
½ l = 500 ml
¾ l = 750 ml
1 l = 1000 ml
z. B. = zum Beispiel
usw. = und so weiter

Die richtige Backtemperatur: Wie wird der Ofen eingestellt?

Der Unterschied zwischen „Umluft" und „Ober-/Unterhitze" beträgt ca. 20 °C. 160 °C Umluft = 180 °C Ober-/Unterhitze. Deshalb ist es sehr wichtig, diese Angabe genau zu beachten, weil sich auch die Backzeit dadurch verändert. Jeder Ofen ist anders. Das Gebäck sollte immer gut beobachtet werden. Eine Klopfprobe oder Stäbchenprobe hilft dir dabei, den Garpunkt zu erkennen.

Stäbchenprobe und Klopfprobe: Ist das Gebäck fertig?

Nehmt hierzu etwas längere Holzspieße, z. B. einen Schaschlik-Spieß aus Holz, und piekst damit mittig in den Kuchen o. Ä. Haftet nach der Entnahme des Stäbchens aus dem Kuchen ungebackener Teig daran, muss der Kuchen auf jeden Fall noch weiterbacken.

Wiederholt das Ganze 5 Minuten später erneut. Dabei die Stelle des Einstichs wechseln. Sobald kein klebriger Teig mehr am Stäbchen haftet, ist der Kuchen fertig. Die Stäbchenprobe ist aber nur für das meiste Gebäck aus Rührteig zuverlässig.

Bei Brot eignet sich die „Klopfprobe": Klopf auf die Unterseite des Brotes. Wenn es hohl klingt, ist es fertig gebacken.

Damit alles in Butter bleibt: Welche Konsistenz ist richtig?

Die richtige Konsistenz der Butter ist ebenfalls entscheidend dafür, ob ein Rezept gelingt oder nicht. Viele Backrezepte beginnen mit dem cremigen Aufschlagen von Butter und Zucker. Butter ist als festes Fett in der Lage, beim Aufschlagen Luft einzuschließen. Beim Backen dehnt sich die eingeschlossene Luft durch die Hitze aus und erzeugt z. B. bei Kuchen ein fluffiges Backergebnis.

- „Kalte Butter": Sie sollte direkt aus dem Kühlschrank kommen. Sie wird z. B. für Mürbeteig benötigt.
- „Raumtemperatur" bzw. „weiche Butter": Nimm die Butter ca. 1–2 Stunden vor Backbeginn aus dem Kühlschrank. Sie sollte beim Pieksen mit deinem Finger einen Abdruck hinterlassen und nicht am Finger kleben bleiben. Die Butter sollte noch ihre Form halten, aber so weich sein, dass sie sich einfach mit Zucker cremig aufschlagen lässt. Auf keinen Fall darf sie flüssig sein. Sie wird z. B. in Cookies, Kuchen und Buttercreme verwendet. Es ist meistens so, dass auch die anderen Zutaten des Rezeptes nicht kalt sein sollten, damit die Butter nicht wieder fest wird, wenn sie mit ihnen in Berührung kommt, z. B. mit Eiern. Wenn ihr vergesst, die Butter rechtzeitig rauszunehmen: Schneide sie in kleine Würfel und lege sie auf einen Teller. So wird sie schneller weich.
- „Zerlassene Butter": Die Butter sollte flüssig, aber nicht heiß sein.

Zucker, Schokolade & Co: Süße Warenkunde

Wenn im Rezept „Zucker" steht, ist damit der weiße „Raffinade-Zucker" gemeint. Sobald andere Zuckerarten wie Puderzucker oder brauner Zucker verwendet werden sollen, steht die Angabe immer im Rezept.

Zucker kann nicht einfach durch Honig oder Sirup ausgetauscht werden, da der Geschmack und die Konsistenz eventuell nicht zu dem Rezept passt, das ihr backen möchtet.

Weißer Zucker & brauner Zucker

Zucker wird aus Zuckerrüben gewonnen. In manchen Ländern wird Zucker auch aus Zuckerrohr gewonnen. Dazu werden die Zuckerrüben zerkleinert, gekocht und anschließend gepresst. Dabei entsteht ein dickflüssiger Sirup. Dieser Zuckersirup wird anschließend getrocknet, bis sich Kristalle bilden. Auf diese Weise entsteht brauner Zucker oder Rohzucker.

Wird dieser Prozess mehrmals wiederholt und der Zucker so von Sirupresten gereinigt, entsteht der feine, weiße Zucker (Raffinade-Zucker). Der braune Zucker ist also ein Zwischenprodukt in der Zuckerherstellung und enthält im Gegensatz zu weißem Zucker noch Reste des dunklen Zuckersirups.

Zuckerrübensiup

Für diesen Sirup werden Zuckerrüben fein zerkleinert und eingekocht. Der entstandene Saft wird gefiltert und weitergekocht, bis er dunkel und dickflüssig ist. Zusammen mit Honig wird Zuckerrübensirup auch „Rübenkraut" genannt und wird in der Wichtelbackstube oft in Lebkuchen verwendet.

Puderzucker

Wird auch Staubzucker genannt und wird hergestellt, indem Zucker fein gemahlen wird. Puderzucker wird in der Wichtelbackstube vor allem für Zuckerguss benötigt oder zum Bestäuben von Gebäck. Außerdem ist er prima für Baiser geeignet, weil er sich schnell auflöst.

Schokolade, Kuvertüre & Kuchenglasur

Wo ist eigentlich der Unterschied?

Grundsätzlich bestehen Kuvertüre und Schokolade aus den gleichen Grundzutaten Kakaobutter, Kakaomasse und Zucker. Kuvertüre hat aber einen höheren Anteil an Fett. Nach dem Schmelzen ist sie dadurch flüssiger und lässt sich leichter verarbeiten.

Kuchenglasur enthält statt Kakaobutter andere (günstigere) Fette wie Kokosfett oder Palmfett. Dadurch ist sie wesentlich billiger, schmeckt aber auch nicht so gut wie echte Schokolade.

Temperieren von Kuvertüre

Kuvertüre zu temperieren hört sich erstmal kompliziert an, das ist es aber nicht. Es ist supereinfach und hat einen tollen Effekt: Die Kuvertüre behält beim Aushärten einen schönen Glanz, bekommt keinen Grauschleier und wird viel schneller fest.

Die Kuvertüre fein hacken. Anschließend zwei Drittel über einem warmen Wasserbad schmelzen. Hier sollte darauf geachtet werden, dass die Schüssel nur mit dem heißen Wasserdampf, nicht mit dem heißen Wasser, in Berührung kommt. Außerdem darf kein Wasser in die Kuvertüre gelangen. Dann verklumpt das Ganze und kann auch nicht mehr gerettet werden.

Ist die Kuvertüre geschmolzen, die Schüssel vom Wasserbad nehmen und die restliche Kuvertüre hineingeben. Sie schmilzt in der Restwärme. Wenn es so weit ist, ist die Kuvertüre temperiert, und das Ganze kann nun weiterverarbeitet werden.

Backen mit Hefe

Habt keine Angst vor Hefeteig, es ist alles halb so wild. Man sollte nur ein paar Regeln beachten:

- Hefe mag es muckelig warm, aber bitte nicht wärmer als 45°. Dann sterben die Hefebakterien ab, und der Hefeteig ist verloren. Wenn sie angerührt wird, immer nur mit handwarmer/lauwarmer Flüssigkeit (Milch oder Wasser).
- Haltbarkeitsdatum der Hefe beachten!
- 1 Pck. Trockenhefe (7 g) = ½ Würfel Frischhefe (21 g)
- Genau nach Rezept arbeiten.

Die Sache mit dem Eiweiß

In vielen Rezepten spielt Eiweiß eine große Rolle. Gerade wenn es um Eischnee geht, müssen ein paar Dinge unbedingt beachtet werden.

- Bitte achtet peinlich genau auf supersaubere Küchenutensilien. Schüsseln und Schneebesen müssen absolut fettfrei sein, sonst wird das Eiweiß nicht steif.
- Beim Trennen der Eier darf kein Eigelb in das Eiweiß gelangen – sonst könnt ihr das Eiweiß ebenfalls nicht steif schlagen.
- Das Eiweiß sollte Raumtemperatur haben, so lässt es sich viel besser aufschlagen.
- Die fertige Baiser-Masse sollte sofort verarbeitet werden, sonst fällt sie zusammen.

Tipp: Wer kein rohes Eiweiß verwenden möchte, kann auch pasteurisiertes Eiweiß oder Meringue-Pulver verwenden.

Mehlsorten ersetzen?

Ihr könnt auch süßes Gebäck mit höheren Mehltypenklassen oder Vollkornmehl backen. Wichtig: Achtet auf die unterschiedlichen Backeigenschaften. Diese Mehle nehmen nämlich mehr Flüssigkeit auf. Daher solltet ihr entsprechend mehr Flüssigkeit in den Teig geben.

Faustregeln

- Für den Austausch mit Vollkornmehl: ca. 10–20 % mehr Flüssigkeit hinzufügen. Am besten gebt ihr die Flüssigkeit nach und nach dazu – so könnt ihr vermeiden, dass der Teig zu flüssig wird.
- Zusätzlich solltet ihr etwas mehr Backtriebmittel (Hefe oder Backpulver) hinzugeben, damit der Teig nicht zu fest wird und schön aufgeht.
- Für feine Massen, wie z. B. Biskuit, sollet ihr bei dem klassischen Weißmehl bleiben.
- Weizenmehl Type 405/Type 550 und Dinkelmehl Type 630 können ohne Weiteres ausgetauscht werden.

Gewürze

Vanille & Vanillezucker

Nicht nur zur Weihnachtszeit ist Vanille beim Backen nicht wegzudenken. Falls ihr mal keine Vanilleschote zur Hand habt, kann man das Mark einer halben Vanilleschote ersetzen durch:

- 1 TL Vanilleextrakt
- 1 TL Vanillepaste
- 1 Pck. Vanillezucker bzw. Vanillinzucker

Zimt, Muskat & Co.

Zimt – Das Gewürz Zimt wird entweder als ganze Stange oder gemahlen verwendet. Es wird aus der getrockneten Rinde des Zimtbaumes hergestellt. Es gibt zwei Arten: Ceylon-Zimt („echter Zimt") und Kassia-Zimt (oder Cassia-Zimt).

Mit den wunderbar duftenden Zimtstangen kann man auch tolle Weihnachts-Deko basteln.

Ursprung: Ceylon Zimt: Ceylon (Sri Lanka)
Kassia-Zimt: Indonesien

Muskat – Die Muskatnuss ist der dunkelbraune Samen des Muskatnussbaumes. Da Muskat sehr intensiv ist, reichen sehr kleine Mengen. Die Muskatnuss wird dazu frisch mit einer Muskatreibe gerieben.

Neben weihnachtlichem Gebäck wie Lebkuchen wird Muskatnuss auch in der herzhaften Küche verwendet, z. B. für Fisch- und Fleischgerichte, Kartoffelpüree, Saucen und verschiedene Wurstsorten.

Ursprung: Banda-Inseln (Indonesien)

Nelken – Gewürznelken sind die getrockneten Blütenknospen des Gewürznelkenbaumes. Sie riechen süßlich-blumig und haben ein sehr intensives Aroma. Daher sollten sie sehr sparsam eingesetzt werden.

Gewürznelken werden sowohl in Gebäck (Spekulatius und Lebkuchen), winterlichen Getränken (Glühwein und Punsch) und Kompott verwendet als auch für herzhafte Gerichte wie Rotkohl, Wild, Geflügel und Saucen.

Ursprung: Molukken (Indonesien)

Ingwer – Ingwer wird sowohl frisch als auch getrocknet und gemahlen als Gewürz eingesetzt. Es handelt sich hierbei um die Wurzel der Ingwerpflanze. Ingwer hat ein sehr kräftiges, scharf-zitroniges Aroma und wird vor allem in der asiatischen Küche verwendet. Aber auch in der Weihnachtsbäckerei findet Ingwer gerne ein aromatisches Plätzchen in Gebäcken und Getränken.

Ursprung: China und Indien

Kardamom – Die Samenkapseln der Kardamompflanze werden getrocknet und dann ganz oder gemahlen verarbeitet. Er zählt zu den Ingwergewächsen und gehört zu den teuersten Gewürzen der Welt. Kardamom schmeckt süßlich-scharf nach einer Mischung aus Ingwer, Eukalyptus und Zitrone. In der asiatischen Küche wird er zum Würzen von Fisch- und Fleisch-Gerichten und Backwaren verwendet. Kardamom verleiht auch warmen Getränken und Weihnachtsgebäck eine leckere Note.

Ursprung: Indien

Sternanis – Der sternförmige Samen der Sternanis-Pflanze hat ein süßliches Aroma und erinnert an Fenchel und Lakritz. Er kann im Ganzen oder gemahlen verwendet werden. Sternanis kommt aber auch oft für winterliche Getränke, Konfitüren, Gebäck und Likör zum Einsatz. Wegen seiner schönen Form lässt sich mit Sternanis auch eine tolle Deko zaubern, die wie Zimt auch einen weihnachtlichen Duft verströmt.

Ursprung: China und Vietnam

Gewürzmischungen

Beim Backen in der Winterzeit dürfen zwei wichtige Gewürzmischungen auf keinen Fall in der Wichtelbackstube fehlen: Lebkuchengewürz und Spekulatiusgewürz. Sie eignen sich neben Lebkuchen und Spekulatius auch ganz toll zum Verfeinern von anderen Rezepten.

Hier in diesem Buch könnt ihr einige davon finden. Ihr könnt die Gewürzmischungen natürlich auch fertig kaufen. Wenn ihr euch aber eine größere Menge auf Vorrat zubereiten möchtet, habe ich hier die Rezepte für euch. Sie lassen sich, hübsch verpackt, auch super verschenken.

LEBKUCHENGEWÜRZ

- 35 g gemahlener Zimt
- 5–8 g gemahlene Nelke
- 1 TL gemahlener Piment
- 1 TL gemahlener Ingwer
- 1 TL gemahlener Anis
- 1 TL frisch geriebene Muskatnuss
- 1 TL gemahlener Kardamom

SPEKULATIUSGEWÜRZ

- 35 g gemahlener Zimt
- 5 g frisch geriebene Muskatnuss
- 8–10 g gemahlene Nelke
- 5 g gemahlener Ingwer
- 5 g gemahlener Kardamom
- 2 Msp. gemahlener weißer Pfeffer
- 5 g gemahlener Koriander

Ein Platz für Plätzchen

RICHTIGE LAGERUNG UND „ERSTE HILFE", WENN ETWAS SCHIEFGEHT

Lagerung
Plätzchen mögen es kühl und trocken. Sie werden in einer luftdichten Dose (Plastik oder Metall) gelagert. Am besten ist es, in jeder Dose jeweils nur eine Sorte Plätzchen aufzubewahren. Damit sie nicht aneinanderkleben, können sie mit Backpapier oder Butterbrotpapier in Lagen geschichtet werden.

Apfel in Lebkuchenkiste
Direkt nach dem Backen waren sie noch so schön butterweich, doch nach ein paar Wochen sind die selbstgebackenen Lebkuchen steinhart. Hier hilft ein Apfelschnitz: Einfach zu den Lebkuchen in die Dose legen und wieder gut verschließen. So bleiben die Lebkuchen wunderbar saftig und weich. Wichtig: Den Apfel regelmäßig austauschen, damit kein Schimmel entsteht.

Der Teig ist zu krümelig
Ist die Butter zu warm oder zu kalt, dann bröselt der Teig und wird nicht glatt. Daher sollten alle Zutaten vor dem Verkneten die gleiche Temperatur haben. Nehmt einfach Butter und Eier 1–2 Stunden vorher aus dem Kühlschrank. Oft hilft es aber, einfach weiterzukneten. Zu langes Kneten ist aber auch nicht gut! Falls der Teig insgesamt zu trocken wirkt, gebt 1 EL kaltes Wasser hinzu.

Der Teig ist zu klebrig
Der Plätzchenteig klebt an den Fingern und lässt sich weder ausrollen noch formen? Wickelt ihn in Frischhaltefolie, drückt ihn etwas flach und ab damit für ca. 1 Stunde in den Kühlschrank. Das enthaltene Fett kühlt ab und wird fest. Vor dem Ausrollen und Ausstechen sollte er nach der Kühlzeit kurz geschmeidig geknetet werden. Übrigens kann Plätzchenteig auch prima schon am Vortag zubereitet und im Kühlschrank gelagert werden.

Zu viel Plätzchenteig
Ihr habt zu viel Plätzchenteig zubereitet oder auf einmal keine Zeit mehr weiterzubacken? Kein Problem! Den restlichen Plätzchenteig einfach wieder luftdicht in Frischhaltefolie wickeln und in den Kühlschrank legen. Dort hält er sich auch ein paar Tage frisch. Er kann sogar für kurze Zeit eingefroren werden. Beim Auftauen darauf achten, dass der Teig langsam auftaut. Legt ihn zunächst über Nacht in den Kühlschrank, bevor er am nächsten Tag weiterverarbeitet wird.

Plätzchen sind verbrannt
In den meisten Fällen lassen sich verbrannte Plätzchen leider nicht mehr retten, da sie bitter schmecken. Und in dem Fall sollten sie auch auf keinen Fall mehr gegessen werden. Hier hilft nur eins: Aus Fehlern lernen und immer einen Wecker stellen, damit die Plätzchen im Ofen nicht vergessen werden.

Plätzchen abkühlen lassen
Sie duften so köstlich, und ihr würdet am liebsten gleich mit dem Dekorieren beginnen, sobald sie aus dem Ofen kommen? Habt Geduld! Ihr könntet euch die Finger böse verbrennen. Außerdem sind die Plätzchen noch viel zu zerbrechlich. Sie werden erst beim Abkühlen stabil. Sie sollten 15–20 Minuten abkühlen.

Auch sollten Schokolade oder Zuckerguss auf den Plätzchen erst vollständig fest sein, bevor ihr sie in die Dose legt. So kleben sie später nicht aneinander.

Feines Wichtelgebäck

„Plätzchenduft liegt in der Luft."
Hier findest du feines Weihnachtsgebäck
aus der Wichtelbackstube!

Zubereitungszeit ★ 60 Minuten

AusstechPlätzchen

DER KLASSIKER IN JEDER PLÄTZCHENDOSE

Für 35–40 Stück

Für den Teig

250 g Mehl (Type 405) + etwas mehr zum Arbeiten
90 g Zucker
125 g Butter
1 Ei (Größe M)
1 Pck. Vanillezucker
Salz

Für dunkle Ausstech-Plätzchen

3 TL Backkakao
1–2 TL Milch

Für die Deko

Zuckerguss (S. 50)
geschmolzene Kuvertüre oder Kuchenglasur (S. 10)
Zuckerstreusel
Zuckerperlen
Hagelzucker

Außerdem

Plätzchenausstecher nach Wahl

Omas Butterplätzchen – Kindheitserinnerung pur, absolut gelingsicher und mit wenigen Zutaten super abwandelbar (siehe Tipp). Dieses Rezept ist hier bei uns jedes Jahr fester Bestandteil der Weihnachtsbäckerei.

Der Plätzchenteig ist superschnell gemacht: Einfach alle Zutaten mit 1 Prise Salz in eine Schüssel geben und zu einem glatten Teig verkneten. Für die dunklen Ausstech-Plätzchen einfach noch Kakao und Milch hinzugeben.

Den Teig in Frischhaltefolie einwickeln, etwas flachdrücken und zum Durchkühlen **1–1 ½ Stunden** in den Kühlschrank legen.

Ausstechen und backen: Den Backofen auf 180 °C Grad Ober-/Unterhitze (160 °C Umluft) vorheizen und ein Backblech mit Backpapier oder Dauerbackfolie auslegen.

Den Teig auf einer leicht bemehlten Arbeitsfläche 3–4 mm dick ausrollen und ausstechen. Die Plätzchen auf das vorbereitete Backblech legen. Die Teigreste immer wieder zusammenkneten und nochmal kurz kühlen.

Je nach Größe und Dicke der Plätzchen im heißen Backofen (Mitte) **9–12 Minuten** goldgelb backen.

Vorsichtig aus dem Ofen und vom Blech nehmen, hierbei eignen sich eine Kuchenpalette, oder ein Pfannenwender, und auf einem Kuchengitter auskühlen lassen.

Werdet kreativ: Die Plätzchen nach Lust und Laune mit Zuckerguss, geschmolzener Kuvertüre oder Kuchenglasur, Zuckerstreuseln und Zuckerperlen dekorieren.

Oles Tipp

Mit Gewürzen wie Zimt, Lebkuchen- & Spekulatiusgewürz (S. 12), Zitronen- & Orangenschale könnt ihr eure Plätzchen super abwandeln.

Vor dem Backen können die Plätzchen auch mit einem verquirlten Eigelb bestrichen und mit Hagelzucker bestreut werden.

Zubereitungszeit ★ 40 Minuten

Vanillesternchen

BUTTRIGES MÜRBEGEBÄCK

Für 25–30 Stück

Für den Teig

125 g weiche Butter

50 g Zucker

1 TL Vanillepaste

1 Eigelb (Größe M)

125 g Mehl (Type 405) + etwas mehr zum Arbeiten

Salz

50 g Speisestärke

75 g gemahlene Mandeln

Außerdem

Sternaustecher

5 EL Zucker

1 Pck. Vanillezucker

Geschmacklich erinnern diese zarten Sternchen an Vanillekipferl, sind dabei aber viel schneller und einfach gemacht. Das Kipferl-Formen fällt hier weg, da diese Plätzchen ausgestochen werden.

Die Butter mit dem Zucker und der Vanillepaste cremig rühren. Das Eigelb hinzufügen und gut mit der Butter-Zucker-Masse verrühren.

Mehl mit 1 Prise Salz, Speisestärke und Mandeln vermischen und mit der Buttermasse verkneten. Den Teig in Frischhaltefolie wickeln und mindestens **1 Stunde** im Kühlschrank ruhen lassen.

Den Ofen auf 180 °C Ober-/Unterhitze (160 °C Umluft) vorheizen und ein Backblech mit Backpapier oder Dauerbackfolie auslegen.

Den Teig auf einer leicht bemehlten Arbeitsfläche dann ca. 1 cm dick ausrollen und kleine Sterne (4–5 cm) ausstechen.

Die Sternchen auf das vorbereitete Backblech legen und im heißen Ofen (Mitte) **10–12 Minuten** backen.

In der Zwischenzeit Zucker mit Vanillezucker in einem Teller vermischen und beiseitestellen.

Die Sternchen aus dem Ofen nehmen und direkt mit dem Vanillezucker bestreuen. Wenn sie ca. **5 Minuten** abgekühlt sind, kann auch der Boden der Plätzchen im Zucker gewälzt werden.

Die zarten Leckerbissen sind direkt nach dem Backen sehr weich und zerfallen, sobald man versucht, sie im warmen Zustand vom Blech zu nehmen. Deshalb lasst sie unbedingt gut abkühlen, dann werden sie fester.

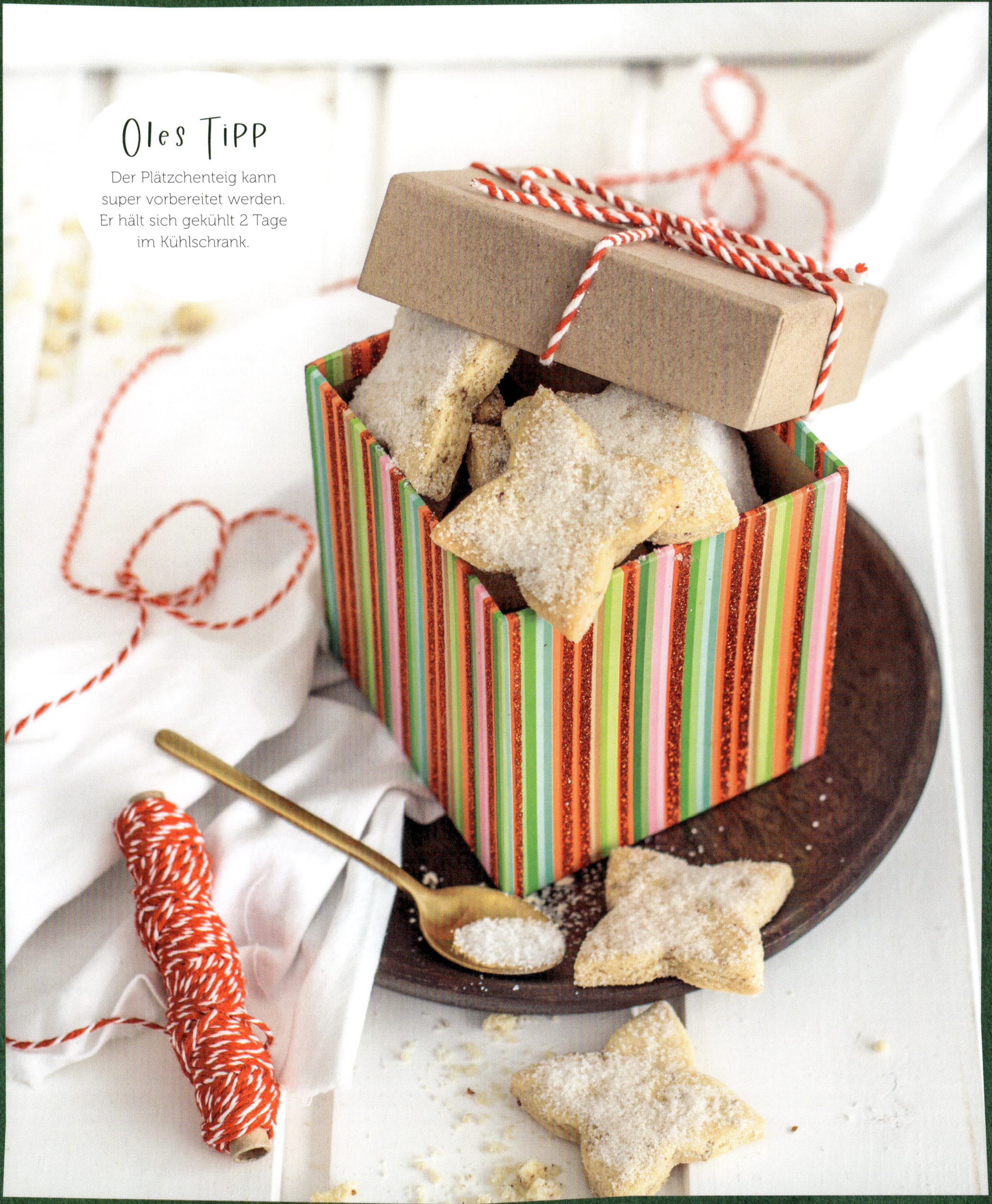

Oles Tipp

Der Plätzchenteig kann super vorbereitet werden. Er hält sich gekühlt 2 Tage im Kühlschrank.

Zubereitungszeit ★ 70 Minuten

Nuss-Nougat-Terrassen-Plätzchen

SÜSSE KLEINE TANNENBÄUMCHEN

Für 20–25 Stück

Für den Teig

100 g Zartbitterschokolade

300 g Mehl (Type 405) + etwas mehr zum Arbeiten

200 g gemahlene Haselnusskerne

240 g Zucker

Salz

200 g kalte Butter

2 Eigelb (Größe M)

Außerdem

200 g Nuss-Nougat-Masse

Stern-Ausstecher in 3 Größen

Zuckersterne (alternativ Zuckerperlen in silber oder gold)

Die leckeren Terrassen-Plätzchen schmecken nicht nur unglaublich lecker, sondern sehen auch noch süß aus.

Die Zartbitterschokolade fein raspeln. Mehl, Nüsse, Zucker und 1 Prise Salz in einer Schüssel vermischen. Butter, Schokolade und Eigelbe hinzugeben und zügig zu einem glatten Teig verkneten. Anschließend den Plätzchenteig in Frischhaltefolie wickeln, etwas flach drücken und mindestens **30 Minuten** in den Kühlschrank legen und ruhen lassen.

Den Backofen auf 180 °C Ober-/Unterhitze (160 °C Umluft) vorheizen, ein Backblech mit Backpapier oder Dauerbackfolie auslegen.

Den gekühlten Mürbeteig kurz etwas geschmeidig kneten und danach auf einer leicht bemehlten Arbeitsfläche ca. 3 mm dick ausrollen. Nun mit den drei verschieden großen Stern-Ausstechern jeweils die gleiche Anzahl an Plätzchen ausstechen und auf das vorbereitete Blech legen. Übrigen Teig bis zur Weiterverarbeitung wieder zurück in den Kühlschrank legen.

Im heißen Ofen (Mitte) die Sterne **8–10 Minuten** backen. Vorsichtig aus dem Ofen und vom Blech nehmen, hierbei eignen sich eine Kuchenpalette oder ein Pfannenwender, und auf einem Kuchengitter auskühlen lassen.

Inzwischen die Nougat-Masse über einem warmen Wasserbad schmelzen. Nun jeweils drei verschieden große Sterne von groß nach klein übereinanderstapeln und mit dem geschmolzenen Nougat die Terrassen-Plätzchen „zusammenkleben". Zum Schluss noch einen kleinen Zuckerstern als Tannenbaumspitze daraufsetzen.

Oles Tipp

Wenn ihr mögt, könnt ihr die Plätzchen auch in einer Größe ausstechen und als „Sandwich"-Kekse mit dem Nougat füllen

Zubereitungszeit ★ 30 Minuten

Traumstücke

ZARTES MARZIPANGEBÄCK MIT ORANGE

Für 25–30 Stück

Für den Teig

120 g Marzipanrohmasse (S. 88)
350 g Mehl (Type 405)
50 g Speisestärke
100 g gemahlene geschälte Mandeln
Salz
250 g weiche Butter
2 Pck. Vanillezucker
130 g Puderzucker
Abrieb von 1 Bio-Orange
4 Eigelb (Größe M), siehe Tipp

Zum Wälzen

150–200 g Puderzucker

Hier ist der Name Programm – diese zarten Plätzchen sind einfach traumhaft lecker und zergehen im Mund. Mhhh …

Die Marzipanrohmasse in kleine Stückchen zupfen. Das Mehl mit Speisestärke, Mandeln und 1 Prise Salz vermischen. Butter mit Vanillezucker und Puderzucker cremig aufschlagen und anschließend Orangenschale, Eigelbe und die vorbereitete Marzipanrohmasse unterrühren. Die Mehlmischung zugeben und kurz unterkneten. Den Teig halbieren, die Portionen jeweils in Frischhaltefolie wickeln und **1 Stunde** in den Kühlschrank legen.

Den Backofen auf 180 °C Ober-/Unterhitze (160 °C Umluft) vorheizen, ein Backblech mit Backpapier oder Dauerbackfolie auslegen.

Eine Portion Teig aus dem Kühlschrank nehmen und kurz etwas geschmeidig kneten. Der Teig darf dabei aber nicht zu warm werden. Eine ca. 1,5–2 cm dicke Rolle formen und diese nur ganz leicht flach drücken.

Nun die Rolle mit einem Buttermesser oder einer Teigkarte in ca. 3 cm lange Stücke schneiden und die Traumstücke mit etwas Abstand auf das vorbereitete Backblech legen.

Im heißen Ofen (Mitte) **10–13 Minuten** backen. Achtung: Sie sollten auf keinen Fall zu dunkel werden!

Das Blech aus dem Ofen nehmen und vorsichtig mit einer Winkelpalette oder einem Pfannenwender die Traumstücke vom Blech auf ein Kuchengitter geben und abkühlen lassen.

Sobald sie lauwarm sind, vorsichtig in Puderzucker wälzen und anschließend komplett abkühlen lassen. In einer Keksdose luftdicht verpackt, halten sich die Traumstücke bis zu 2 Wochen frisch.

Oles Tipp

Hier bleiben 4 Eiweiße übrig, mit denen ihr z. B. die Baiser-Tannenbäumchen von S. 36 zaubern könnt, oder die leckeren Kokosberge von S. 24.

Zubereitungszeit ★ 40 Minuten

Kokosberge

SAFTIGE KOKOSMAKRONEN MIT SCHOKOBODEN

Für 40–45 Stück

Für den Teig

200 g Kokosraspel

4 Eiweiß (Größe M)

Salz

160 g Zucker

Saft und Abrieb von 1 Bio-Zitrone

1 Pck. Vanillezucker

Außerdem

Zartbitter-Kuvertüre oder Kuchenglasur

Eisportionierer

Saftige Kokosmakronen gehen einfach immer und haben bei uns einen festen Stammplatz auf dem Plätzchenteller.

Damit sich das Aroma besser entfalten kann, die Kokosraspel in einer Pfanne (ohne Öl) bei mittlerer Hitze unter ständigem Rühren anrösten, bis sie anfangen zu duften. Wichtig: Nicht aus den Augen lassen, Kokosraspel verbrennen blitzschnell und werden dann bitter. Sie dürfen nur ganz leicht Farbe bekommen. Die Kokosraspel auf einen Teller geben und auskühlen lassen.

Den Backofen auf 180 °C Ober-/Unterhitze (160 °C Umluft) vorheizen und ein Backblech mit Backpapier oder Dauerbackfolie auslegen.

Die Eiweiße mit 1 Prise Salz steif schlagen. Dann langsam während des Aufschlagens den Zucker einrieseln lassen. Die Masse so lange weiter aufschlagen, bis der Eischnee glänzende Spitzen bildet und man keine Zuckerkristalle spürt, wenn etwas von der Masse zwischen Daumen und Zeigefinger verrieben wird.

Kokosraspel, Zitronensaft, Zitronenschale und Vanillezucker langsam und vorsichtig unter die Baisermasse heben. Mithilfe von zwei Teelöffeln oder einem Eisportionierer 40–45 Kokosberge auf das Backpapier setzen. Die Kokosberge dann im heißen Ofen (Mitte) **12–15 Minuten** backen. Anschließend vollständig abkühlen lassen.

Die Zarbitter-Kuvertüre temperieren (S. 10). Die abgekühlten Kokosberge nun mit der Unterseite in die Kuvertüre tauchen, vorsichtig abstreifen und zum Festwerden auf Backpapier setzen. Durch das Temperieren der Kuvertüre wird der Schokoboden auch viel schneller fest.

Zubereitungszeit ★ 30 Minuten

Puddingplätzchen

EIN VANILLETRÄUMCHEN

Für 30–35 Stück

Für den Teig

230 g weiche Butter
35 g Puderzucker
1 Pck. Vanillezucker
200 g Mehl (Type 405)
2 Pck. Vanillepuddingpulver (à 37 g)
Salz

Außerdem

ca. 130 g Puderzucker

Superzart, buttrig und vanillig sind diese feinen Puddingplätzchen. Unglaublich lecker und ein MUSS in der Weihnachtsbäckerei.

Butter mit Puderzucker und Vanillezucker cremig aufschlagen. Mehl mit Puddingpulver und 1 Prise Salz vermischen und kurz unter die Buttermasse rühren, bis alles zu einem glatten Teig zusammenkommt. Den Teig abdecken und mindestens **2 Stunden** in den Kühlschrank stellen.

Den Ofen auf 170 °C Ober-/Unterhitze (150 °C Umluft) vorheizen, 1–2 Backbleche mit Backpapier oder Dauerbackfolie auslegen.

Den Teig zu kleinen Kugeln von ca. 2,5–3 cm Durchmesser rollen und mit Abstand auf das vorbereite Backblech setzen.

Anschließend die Plätzchen **10–14 Minuten** im heißen Ofen (Mitte) backen. Sie sollten einen hellbraunen Rand bekommen und dürfen nicht zu dunkel werden.

Aus dem Ofen nehmen, die Plätzchen auf dem Blech auskühlen lassen und anschließend mit Puderzucker bestäuben.

Luftdicht verpackt, halten sich die Kekse bis zu 2 Wochen frisch.

Oles Tipp

Ihr könnt den Teig auch ganz einfach mit geriebener Zitronen- oder Orangenschale zubereiten oder ihn noch mit verschiedenen Gewürzen wie z. B. Zimt abwandeln.

Nuss-Nougat-Herzen

ZARTE PLÄTZCHEN MIT CREMIGER FÜLLUNG

Für 45–50 Stück

Für den Teig

300 g Mehl (Type 405) + etwas mehr zum Arbeiten

40 g gemahlene Haselnusskerne

1 TL Backkakao

80 g Puderzucker

Salz

1 Ei (Größe M)

200 g weiche Butter

2 EL Milch

Füllung & Dekoration

150 g Nuss-Nougat

200 g Vollmilch-Kuvertüre (alternativ Zartbitter-Kuvertüre)

25 g Kokosöl (alternativ neutrales Pflanzenöl)

2–3 EL gehackte Haselnusskerne

Außerdem

Herz-Ausstecher

Diese Nuss-Nougat-Herzen schmecken nicht nur zur Weihnachtszeit. Die perfekten Plätzchen für jeden, der Nougat mag.

Für den Mürbeteig Mehl, Haselnüsse, Kakaopulver, Puderzucker und 1 Prise Salz vermischen. Ei, Butter und Milch zugeben und zu einem glatten Teig verkneten. Den Teig in Frischhaltefolie wickeln und **2 Stunden** im Kühlschrank ruhen lassen.

Den Backofen auf 180 °C Ober-/Unterhitze (160 °C Umluft) vorheizen und ein Backblech mit Backpapier auslegen.

Den Teig kurz geschmeidig kneten, auf einer leicht bemehlten Arbeitsfläche 3–4 mm dick ausrollen und mit einem Plätzchenausstecher Herzen ausstechen.

Die Herzen auf das Backblech legen und im heißen Ofen (Mitte) **8–10 Minuten** backen. Vorsichtig aus dem Ofen und vom Blech nehmen, hierbei eignen sich eine Kuchenpalette oder ein Pfannenwender, und auf einem Kuchengitter abkühlen lassen.

Das Nuss-Nougat über einem warmen Wasserbad schmelzen und in einen Spritzbeutel füllen. Die Hälfte der Plätzchen umdrehen, einen Klecks Nougat daraufgeben und ein zweites Herz daraufsetzen (mit der Oberseite nach oben). Leicht andrücken, aber Vorsicht, damit die Nougat-Masse nicht herausläuft. Die Nougat-Herzen nun **1 Stunde** fest werden lassen.

In der Zwischenzeit Kuvertüre und Kokosöl über einem warmen Wasserbad schmelzen. Die gefüllten Herzen bis zur Hälfte in die Glasur tunken und mit den gehackten Haselnüssen bestreuen. Die Glasur nochmals **ca. 1 Stunde** fest werden lassen.

Oles Tipp

Lecker schmecken die Plätzchen auch, wenn die Haselnüsse durch Mandeln ersetzt werden und die dunkle Kuvertüre durch weiße Kuvertüre.

Zubereitungszeit ★ 60 Minuten

Vanillekipferl

ZARTES, KLASSISCHES WEIHNACHTSGEBÄCK

Für 40–50 Stück

Für die Kipferl

250 g Mehl (Type 405)
50 g Speisestärke
Salz
100 g gemahlene geschälte Mandeln
120 g gesiebter Puderzucker
1 Vanilleschote
230 g kalte Butter
3 Eigelb (Größe M)

Zum Bestäuben

150 g Puderzucker
1 Pck. Vanillezucker

Vanillekipferl sind aus der Weihnachtsbäckerei nicht wegzudenken! Die feinen „Hörnchen" gehören auf jeden Plätzchenteller!

Zunächst Mehl, Speisestärke, 1 Prise Salz, gemahlene Mandeln und Puderzucker in einer Schüssel vermischen. Die Vanilleschote mit einem scharfen Messer längs aufschneiden und das Mark herauskratzen. Die Butter in Würfel schneiden, mit den Eigelben zur Mehlmischung geben und zügig mit den Händen zu einem glatten Teig verkneten. Die Butter sollte dabei nicht zu warm werden. Den Teig in 3 Portionen teilen, zu ca. 3 cm dicken Rollen formen, in Frischhaltefolie wickeln und **1 ½–2 Stunden** in den Kühlschrank legen.

Den Backofen auf 180 °C Ober-/Unterhitze (160 °C Umluft) vorheizen und Backbleche mit Backpapier oder Dauerbackfolie auslegen.

Den Teig portionsweise aus dem Kühlschrank nehmen (so bleibt er schön gekühlt) und die Rollen mit einem Buttermesser oder einer Teigkarte in ca. 2,5–3 cm große Stücke schneiden. Nun die kleinen Kipferl bzw. Hörnchen formen. Alternativ kann der Teig auch 3–4 mm dünn ausgerollt und mit einem kleinen Glas zu Halbmonden ausgestochen werden.

Die Vanillekipferl mit etwas Abstand auf das Backblech setzen und im heißen Ofen (Mitte) **8–10 Minuten** backen. Unbedingt dabeibleiben! Sie sollten auf keinen Fall zu dunkel werden.

In der Zwischenzeit Puderzucker sieben und mit Vanillezucker in einem tiefen Teller vermischen. Die Kipferl aus dem Ofen nehmen und vorsichtig in der Vanillezucker-Mischung wälzen. Anschließend gut abkühlen lassen.

Oles Tipp

Die ausgekratzte Vanilleschote bitte nicht wegwerfen! Sie kann entweder in ein Glas Zucker gegeben werden (selbst gemachter Vanillezucker) oder für eine leckere Vanillemilch oder Vanillesauce in heißer Milch gekocht werden.

Zubereitungszeit ★ 90 Minuten

Spitzbuben

ZARTE KONFITÜRE-PLÄTZCHEN

Für 20–25 Stück

Für den Teig

225 g weiche Butter

120 g Zucker

1 Pck. Vanillezucker

1 Ei (Größe M)

380 g Mehl (Type 405) + etwas mehr zum Arbeiten

Salz

200–220 g Himbeer- & Aprikosenkonfitüre

Zum Bestäuben

150 g Puderzucker

Plätzchenausstecher in 2 verschiedenen Größen

Spitzbuben gehören zu meinen Lieblingsplätzchen. Sie lassen sich so schön abwandeln und sind ganz einfach gemacht.

Butter mit Zucker und Vanillezucker hell-cremig aufschlagen, das Ei zugeben und ebenfalls unterrühren. Mehl mit 1 Prise Salz vermischen, zu der Butter-Zucker-Ei-Masse geben und kurz zu einem glatten Teig kneten. Anschließend den Teig in zwei Portionen teilen, jeweils in Frischhaltefolie wickeln, flach drücken und ca. **30 Minuten** in den Kühlschrank legen.

Den Ofen auf 170 °C Ober-/Unterhitze (150 °C Umluft) vorheizen und ein Backblech mit Backpapier oder Dauerbackfolie auslegen.

Auf einer leicht bemehlten Arbeitsfläche den Teig portionsweise auf 2–3 mm ausrollen und mit dem größeren Plätzchenausstecher ausstechen. Die Kekse auf das Backblech legen und nun bei der Hälfte der Plätzchen mit dem zweiten, kleineren Ausstecher mittig eine weitere Form ausstechen. (Die „Mittelstücke" werden zwar für die Spitzbuben nicht mehr gebraucht, aber backt sie einfach mit und verziert sie nach Belieben.)

Die Spitzbuben je nach Größe im heißen Ofen (Mitte) **9–12 Minuten** backen. Unbedingt dabeibleiben, sie sollten eine schöne goldgelbe Farbe bekommen und nicht zu braun werden. Aus dem Ofen nehmen und auf einem Kuchengitter auskühlen lassen.

Nach dem Abkühlen werden die großen Plätzchen ohne Loch umgedreht und dünn mit der Konfitüre bestrichen. Wenn die Konfitüre etwas zu fest ist, kann sie kurz erwärmt werden, damit sie etwas flüssiger wird und sich besser verstreichen lässt. Dabei nicht ganz bis zum Rand einstreichen. Die Plätzchen mit dem Loch in der Mitte mit Puderzucker bestäuben und auf die Konfitüren-Plätzchen setzen.

Ich gebe die restliche Konfitüre immer noch gerne in einen Spritzbeutel und fülle die Mitte der Plätzchen noch auf.

Oles Tipp

Anstatt mit Marmelade lassen sich die Spitzbuben auch mit Schokolade oder Nougat füllen.

Zubereitungszeit ★ 90 Minuten

Süße Sternwichtel

AUS HONIGLEBKUCHEN

Für ca. 20 Stück

Für den Teig

120 g Honig

50 g brauner Zucker

80 g Butter

1 Ei (Größe M)

1 TL Lebkuchengewürz (S. 12)

1 Pck. Vanillezucker

250 g Mehl (Type 405) + etwas mehr zum Arbeiten

2 TL Backpulver

Salz

50 g gemahlene Haselnusskerne

Für die Eiweiß-Spritzglasur

1 Eiweiß (Größe M)

230–250 g Puderzucker

Außerdem

Stern-Ausstecher

150 g Marzipanrohmasse

2 TL Puderzucker + etwas mehr zum Arbeiten

rote Lebensmittelfarbe (Pastenfarbe)

Spritzbeutel mit feiner Lochtülle (ca. 3–4 mm)

Zuckerschrift (nach Belieben)

Zuckerperlen

Diese feinen kleinen Sternwichtel sind einfach gemacht und damit die perfekte Back-Aktion mit Kindern. Sie schmecken superlecker und sind eine ideale Geschenkidee aus der Küche.

Honig, Zucker und Butter erwärmen, bis sich der Zucker komplett aufgelöst hat. Achtung, die Masse sollte nicht kochen! Den Sirup abkühlen lassen, bis er lauwarm ist, dann Ei, Lebkuchengewürz und Vanillezucker unterrühren.

Mehl, Backpulver, 1 Prise Salz und Haselnüsse vermischen und unter die Sirupmasse kneten. Zu einer Kugel formen, flach drücken, in Frischhaltefolie wickeln und **1 Stunde** in den Kühlschrank legen.

Den Ofen auf 180 °C Ober-/Unterhitze (160 °C Umluft) vorheizen und ein Backblech mit Backpapier oder Dauerbackfolie auslegen.

Den Honigkuchenteig auf einer leicht bemehlten Arbeitsplatte auf ca. 5 mm ausrollen und ca. 20 fünfzackige Sterne von je 9–10 cm Durchmesser ausstechen oder ausschneiden. Die Teigreste wieder verkneten und erneut ausrollen.

Die Sterne auf das Backblech legen und im heißen Ofen (Mitte) **7–10 Minuten** goldgelb backen. Aus dem Ofen nehmen und auf einem Kuchengitter auskühlen lassen.

Marzipanrohmasse und Puderzucker miteinander verkneten und mit der Lebensmittelfarbe rot einfärben. Das Marzipan auf einer mit Puderzucker bestäubten Arbeitsfläche oder zwischen zwei Lagen Backpapier 3–4 mm dünn ausrollen und 10 Kreise von ca. Ø 5–7 cm ausstechen. Die Kreise halbieren – diese bilden später die Wichtel-Mützchen. Das restliche Marzipan in Frischhaltefolie wickeln, damit es nicht austrocknet, es wird später noch benötigt.

Das Eiweiß 2 Minuten mit der Küchenmaschine oder dem Handrührgerät aufschlagen, dann nach und nach den gesiebten Puderzucker dazugeben, alles gut zu einer dicken Glasur verrühren und noch mal weitere 2 Minuten auf höchster Stufe aufschlagen.

Die fertige Eiweißspritzglasur in einen Spritzbeutel mit feiner Lochtülle oder in einen Gefrierbeutel füllen. Je einen vorbereiteten Marzipan-Halbkreis als Mütze um eine Zacke jedes Sterns legen, dabei mit der Glasur festkleben. Mit der Glasur können noch ein Fellkragen und ein Bommel aufgemalt werden.

Für die Handschuhe eine kleine Menge des übrigen roten Marzipans mit den Fingern flach drücken und links und rechts neben der Mütze auf die Zacken kleben. Auch die Handschuhe können noch ein wenig mit der Glasur ausdekoriert werden.

Mit der restlichen Glasur, der Zuckerschrift und den Zuckerperlen können den kleinen Wichteln nach Belieben noch Bart, Augen, Nase und Knöpfe gezaubert werden. Anschließend mindestens **5 Stunden** trocknen lassen, am besten über Nacht.

Zubereitungszeit ★ 50 Minuten

Baiser-Tannenbäumchen

DIE ZERGEHEN AUF DER ZUNGE

Für 20–25 Stück

Für das Baiser

4 Eiweiß (Größe M), siehe Tipp

Salz

1 EL Zitronensaft

350 g feinen Zucker

grüne Lebensmittelfarbe (am besten Gelfarbe)

Weihnachtliche Zuckerstreusel

Zuckerstreusel-Sterne

Außerdem

Spritzbeutel mit einer 1-cm-Sterntülle

Zugegeben: Baiser ist manchmal etwas knifflig. Man muss schon ein paar Dinge beachten. Aber Übung macht den Meister, und am Ende lohnt sich die Mühe. Versprochen!

Den Ofen auf 100 °C Ober-/Unterhitze (80 °C Umluft) vorheizen und ein Backblech mit Backpapier oder Dauerbackfolie auslegen.

Die Eier trennen und das Eiweiß zusammen mit 1 Prise Salz aufgeschlagen, bis die Masse schnittfest ist. Nun Zitronensaft und Zucker zugeben – den Zucker dabei ganz langsam einrieseln lassen. Die Masse so lange weiter aufschlagen, bis der Eischnee glänzende Spitzen bildet und man keine Zuckerkristalle spürt, wenn etwas von der Masse zwischen Daumen und Zeigefinger verrieben wird. Nun nach Belieben die Baisermasse mit grüner Lebensmittelfarbe einfärben und in einen Spritzbeutel mit einer 1-cm-Sterntülle füllen.

Nun senkrecht von oben den ersten Tuff mit Ø 4,5–5 cm auf das Backblech spritzen, darüber einen kleineren Tuff mit ca. Ø 3–3,5 cm und zuletzt noch eine kleine Tannenbaumspitze oben aufspritzen.

Nun geht's ans Schmücken: Dekoriert euer Bäumchen mit Zuckerstreuseln oder Glitzer nach Belieben – aber Achtung, ihr solltet euren Weihnachtsbaum nicht überladen, da die sehr empfindliche Baisermasse sonst in sich zusammenfällt. Süß sieht es auch aus, wenn ihr als Tannenbaumspitze einen kleinen Zuckerstreusel-Stern daraufsetzt.

Anschließend die Tannenbäumchen **3 Stunden** in den heißen Ofen (Mitte) zum Trocknen geben. In die Backofentür einen Holzlöffel klemmen, damit die Feuchtigkeit entweichen kann. Den Ofen ausschalten und die Baiser-Bäumchen im Ofen auskühlen lassen.

Luftdicht verschlossen, halten sich die Bäumchen ca. 2 Wochen.

Oles Tipp

Aus den übriggebliebenen Eigelben könnt ihr die leckere Vanillesauce von S. 76 zaubern, die Vanille-Sternchen S. 18 oder Vanillekipferl S. 30.

Nussknacker

NUSSIGER GEHT'S NICHT!

Je nach Größe für 15–20 Stück

100 g Zucker
60 g Butter
40 g Honig
70 g Sahne
1 Pck. Vanillezucker
Salz
100 g Mandelblättchen
70 g gehackte Haselnusskerne
30 ganze Haselnusskerne
60 g gemahlene Mandeln
150 g Zartbitter-Kuvertüre

Diese Nussknacker sind so lecker, dass man nicht aufhören kann zu naschen! Knackige Nüsse, umhüllt von Sahne-Karamell und Schokolade.

Den Backofen auf 180 °C Ober-/Unterhitze (160 °C Umluft) vorheizen und ein Backblech mit Backpapier oder Dauerbackfolie auslegen.

Zucker, Butter, Honig, Sahne, Vanillezucker und 1 Prise Salz in einem kleinen Topf leicht aufköcheln lassen. Nach ca. 4 Minuten Mandeln und Nüsse zugeben und gut unterrühren. Die Masse vom Herd nehmen und mit zwei Teelöffeln kleine Häufchen mit ausreichend Abstand auf das Backblech setzen. Die Nussknacker **12–15 Minuten** im heißen Ofen (Mitte) goldgelb backen bzw. „karamellisieren". Aus dem Ofen nehmen und komplett auskühlen lassen, erst dann werden sie fest.

Die Kuvertüre temperieren (S. 10).

Mit einem Backpinsel die Unterseite der Nussknacker dünn bestreichen und auf ein Backpapier legen, damit die Kuvertüre trocknet.

Luftdicht verschlossen, halten sich die Nussknacker ca. 2 Wochen.

Oles Tipp

Damit die Nussknacker nicht zusammenkleben, immer ein Backpapier zwischen die verschiedenen Lagen legen.

Zubereitungszeit ★ 30 Minuten

Haferflöckchen

KNUSPRIG-LECKERE HAFERKEKSE

Für 20–25 Stück

250 g Kleinblatt-Haferflocken
2 TL Backpulver
Salz
100 g Mehl (Type 405)
200 g weiche Butter
170 g Zucker
1 Pck. Vanillezucker
1 Ei (Größe M)

Diese Kekse sind ratzfatz gebacken und schmecken traumhaft lecker. Das perfekte Rezept, wenn es mal schnell gehen soll!

Den Backofen auf 180 °C Ober-/Unterhitze (160 °C Umluft) vorheizen und ein Backblech mit Backpapier oder Dauerbackfolie auslegen.

Haferflocken, Backpulver, 1 Prise Salz und Mehl vermischen und beiseitestellen. Butter mit Zucker und Vanillezucker cremig aufschlagen und das Ei unterrühren. Die Haferflocken-Mischung zugeben und kurz unterrühren.

Den Teig mit zwei Teelöffeln oder einem kleinen Eisportionierer zu etwa walnussgroßen Portionen formen und mit viel Abstand (die Kekse zerlaufen beim Backen) auf das Backblech setzen. Im heißen Ofen (Mitte) **12–15 Minuten** goldbraun backen. Aus dem Ofen nehmen und komplett auf dem Blech auskühlen lassen, da die Kekse noch sehr weich sind.

Luftdicht verschlossen, halten sich die Kekse ca. 2 Wochen frisch.

Oles Tipp

Lecker schmecken die Haferflöckchen auch mit Fäden aus geschmolzener Zartbitter-Kuvertüre oder als Sandwich-Keks mit Kuvertüre in der Mitte.

Zubereitungszeit ★ 60 Minuten

Oblaten-Lebkuchen

MIT HASELNÜSSEN & NUSS-NOUGAT-CREME

Für 20–25 Stück

Für den Teig

250 g Mehl (Type 405)
1 TL Natron
Salz
250 g gemahlene Haselnusskerne
2 TL Lebkuchengewürz (S. 12)
1 EL Backkakao
3 Eier (Größe M)
130 g brauner Zucker
2 Pck. Vanillezucker
4 EL Nuss-Nougat-Creme

Für die Toppings

200 g Puderzucker
2–3 EL Wasser oder Milch
180–200 g Zartbitter-Kuvertüre

Außerdem

ca. 20–25 Backoblaten (5–7 cm)

Diese Lebkuchen sind einfach fantastisch! Sie sind aromatisch, weich und saftig. Und die leichte Nuss-Nougat-Note macht sie ganz besonders lecker!

Den Backofen auf 180 °C Ober-/Unterhitze (160 °C Umluft) vorheizen und ein Backblech mit Backpapier oder Dauerbackfolie auslegen.

Mehl, Natron, 1 Prise Salz, Haselnüsse, Lebkuchengewürz und Kakaopulver vermischen und beiseitestellen. Eier mit Zucker und Vanillezucker 3 Minuten schaumig aufschlagen, die Nuss-Nougat-Creme sowie die Mehlmischung zugeben und gut unterrühren.

Jeweils 1 gehäuften TL auf eine Oblate geben und mit angefeuchteten Händen die Masse so auf der Oblate verteilen, dass eine leichte Kuppel entsteht. Die Lebkuchen auf das Backblech setzen und im heißen Ofen (Mitte) **10–13 Minuten** backen.

Die Lebkuchen können entweder mit Zuckerguss oder geschmolzener Kuvertüre verziert werden. Wenn Zuckerguss verwendet wird, sollte er auf die noch warmen Lebkuchen gegeben werden, bei der Kuvertüre müssen die Lebkuchen komplett abgekühlt sein.

Die Lebkuchen halten sich, luftdicht verschlossen, mindestens 2 Wochen – aber so alt werden sie meist nie.

Oles Tipp

Die Oblaten sind nur der Träger für die Lebkuchen und schmecken nach nichts. Deshalb reichen eigentlich auch 10–13 Oblaten, denn wenn ihr mit einem scharfen Messer die Oblaten waagerecht aufschneidet, habt ihr zwei Hälften.

Zubereitungszeit ★ 120 Minuten

Lebkuchenhaus

SÜSSES KNUSPER-HÄUSCHEN

Für 1 Lebkuchenhaus

Für den Teig

250 g Zuckerrübensirup

250 g Honig

150 g brauner Zucker

100 g Zucker

1050 g Mehl (Type 405) + etwas mehr zum Arbeiten

1 Pck. Backpulver

1 EL Backkakao

5 TL Lebkuchengewürz (S. 12)

Salz

220 g weiche Butter

2 Eier (Größe M)

Für die Eiweißspritzglasur

500 g Puderzucker

3 Eiweiß (Größe M), Spritzbeutel mit feiner Lochtülle (siehe Tipp)

Knusper-Häuschen dürfen in der Adventszeit auf keinen Fall fehlen. Sie lassen sich individuell und kreativ verzieren und machen sich auch prima als Geschenk.

Zuckerrübensirup, Honig und den braunen und weißen Zucker in einen Topf geben und unter Rühren erhitzen, bis sich der Zucker aufgelöst hat – Achtung, die Masse darf nicht kochen!

Die warme Sirupmasse in eine Schüssel geben und abkühlen lassen, bis sie lauwarm ist.

Mehl, Backpulver, Kakaopulver, Lebkuchengewürz und ½ TL Salz vermischen. Butter, Eier und Sirup mit der Mehlmischung verkneten, die Schüssel mit Frischhaltefolie abdecken und den Teig **4 Stunden** ruhen lassen.

Schablonen auf Backpapier oder Karton übertragen und beiseitelegen.

Den Puderzucker sieben und beiseitestellen.

Den Backofen auf 180 °C Ober-/Unterhitze (160 °C Umluft) vorheizen.

Eine Lage Backpapier mit Mehl bestäuben, die Hälfte des Teiges daraufgeben und ca. 1 cm dick ausrollen. Die vorbereiteten Schablonen auflegen und mit einem Teigrädchen, einem kleinen Küchenmesser oder Buttermesser ausschneiden. Die zugeschnittenen Lebkuchenteile nun zusammen mit dem Backpapier auf ein Backblech ziehen und im heißen Ofen (Mitte) **13–16 Minuten** goldbraun backen.

Die Teigreste mit der nächsten Teigportion verkneten, die übrigen Teile ausschneiden und Blech für Blech backen. Den restlichen Teig als Bodenplatte ausrollen und ebenfalls backen.

weiter geht's auf Seite 45

Oles Tipp

Wenn ihr keine Spritzbeutel habt, nehmt einfach einen Gefrierbeutel, befüllt ihn mit der Eiweißspritzglasur und schneidet eine Ecke ab, sodass ein Loch von ca. Ø 5 mm entsteht.

Weiter geht's

Für die Dekoration

4–5 EL Puderzucker

Blattgelatine nach Belieben

Süßigkeiten (Schokolinsen, Fruchtgummi, Schokolade, Zuckerstreusel, Marshmallows)

Mini-Butterkekse

Schoko-Brezeln (alternativ Salz-Brezeln)

ein kleines Lebkuchenmännchen und Tannen aus dem Lebkuchenteig (S. 46)

LED-Lichterkette nach Belieben

Außerdem

Spritzbeutel mit Sterntülle (ca. 1 cm) und Lochtülle (ca. 0,5 cm)

Das Eiweiß 2 Minuten mit der Küchenmaschine oder dem Handrührgerät aufschlagen, nach und nach den gesiebten Puderzucker zugeben und alles gut zu einer dicken Glasur verrühren. So nochmal weitere 2 Minuten auf höchster Stufe aufschlagen.

Die fertige Eiweißspritzglasur in einen Spritzbeutel füllen (oder einen Gefrierbeutel, siehe Tipp) und zunächst die abgekühlten Lebkuchenteile mit dem Zuckerguss zusammensetzen. Wenn ihr Gelatineblätter als Fenster einsetzen möchtet, solltet ihr die Blätter etwas größer als die Fenster zurechtschneiden und vorab innen ankleben.

Die Übergänge der einzelnen Lebkuchenteile können super mit der Glasur kaschiert werden. Die Dachschindeln werden von unten nach oben auf die Dachplatten geklebt. Auch die Tannen oder ein Lebkuchenmännchen lassen sich damit schön ausdekorieren. Als Kleber für die Süßigkeiten kann die Glasur ebenfalls verwendet werden. Das fertige Häuschen kann dann auf die Bodenplatte gesetzt werden. Als Zaun eignen sich kleine Salz- oder Schoko-Brezeln. Außerdem lässt sich das Häuschen mit einer LED-Lichterkette süß von innen beleuchten.

Vorlage Lebkuchenhaus

Zum Download der Vorlagen QR-Code scannen oder das Buch unter emf-verlag.de suchen und dort „Downloads" anklicken.

Zubereitungszeit ★ 90 Minuten

Lebkuchenmännchen

SOOO LECKER!

Für 25–30 Stück

Für den Teig

50 g Butter

125 g Honig

125 g Zuckerrübensirup

25 g Zucker

380 g Mehl (Type 405) + etwas mehr zum Arbeiten

15 g Backkakao

Salz

25 g gemahlene Mandeln

25 g gemahlene Haselnusskerne

1 EL Lebkuchengewürz (S. 12)

4 g Hirschhornsalz

1 Ei (Größe M)

Für die Eiweißspritzglasur

250 g Puderzucker

1 Eiweiß (Größe M)

Gel-Lebensmittefarbe, nach Belieben

Spritzbeutel mit feiner Lochtülle

Außerdem

Ausstecher

So süß und lecker… Diese kleinen Kerle gehören in der Adventszeit einfach dazu! Sie brauchen zwar ein bisschen Zeit, aber der Aufwand lohnt sich!

Butter mit Honig, Zuckerrübensirup und Zucker vorsichtig unter Rühren erhitzen – aber Achtung: Die Masse darf nur lauwarm werden und muss schön flüssig sein, dann ist sie perfekt.

Mehl mit Kakao, 1 Prise Salz, gemahlenen Mandeln, gemahlenen Haselnüssen und Lebkuchengewürz in einer Schüssel vermischen. Das Hirschhornsalz mit 1 EL kaltem Wasser anrühren, damit es sich besser im Teig verteilt und eine bessere Wirkung erzielt werden kann.

Zu den trockenen Zutaten Ei, Honig-Sirup-Masse, das gelöste Hirschhornsalz und nach und nach 75–120 ml Wasser zugeben, bis ein leicht klebriger Teig entsteht. Nicht zu viel Wasser auf einmal hinzufügen, eventuell bleibt etwas übrig. Den Teig **9–10 Stunden,** am besten über Nacht, ruhen lassen, damit sich die Gewürze entfalten können und der Teig seine besondere Konsistenz bekommt.

Den Ofen auf 180 °C Ober-/Unterhitze (160 °C Umluft) vorheizen und ein Backblech mit Backpapier oder Dauerbackfolie auslegen.

Den Teig auf einer leicht bemehlten Arbeitsfläche 3–4 mm dick ausrollen, Figuren ausstechen und auf das Backblech legen. Die Lebkuchen im heißen Ofen (Mitte) je nach Größe **10–15 Minuten** backen. Aus dem Ofen nehmen, auf einem Kuchengitter auskühlen lassen.

Puderzucker gründlich sieben und mit Eiweiß verrühren, bis eine glatte, cremige Masse entsteht, dann kurz aufschlagen (siehe Tipp). Je nach Konsistenz entweder teelöffelweise mehr Wasser oder mehr Puderzucker einarbeiten und nach Belieben einfärben.

Die Glasur in einen Spritzbeutel mit dünner Lochtülle füllen und die Lebkuchenmännchen nach Belieben dekorieren. Bereits angerührte Eiweißspritzglasur, die gerade nicht verwendet wird, immer mit Frischhaltefolie abdecken, damit sie nicht austrocknet.

Oles Tipp

Für die Glasur sollte der Puderzucker gründlich gesiebt werden. Jedes noch so kleine Mini-Klümpchen kann nachher die feinen Tüllen des Spritzbeutels verstopfen, und das ist richtig nervig.

Wichtel-Advents-Kaffee

„Advent, Advent, ein Lichtlein brennt."
In diesem Kapitel warten Leckereien für einen
gemütlichen Advents-Kaffee-Tisch auf dich!

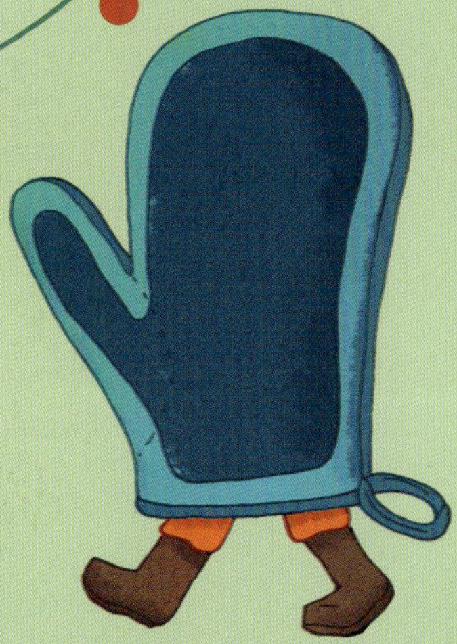

Zubereitungszeit ★ 45 Minuten

Winterliche Amerikaner

WEICHE KÜCHLEIN MIT GLASUR

Für 12–14 Stück

Für den Rührteig

100 g weiche Butter
70 g Zucker
1 Pck. Vanillezucker
Abrieb von 1 Bio-Orange
2 Eier (Größe M)
200 g Mehl
60 g Speisestärke
1 TL Spekulatiusgewürz (S. 12)
Salz
3 TL Backpulver
80 ml Milch

Für den Guss

150 g Puderzucker
2–3 EL Milch (alternativ Zitronensaft)

Für die Deko

Zuckerschrift
kleine Schokolinsen (alternativ bunte Zuckerperlen)
Zuckeraugen
kleine Salzbrezeln
Lebensmittelfarbe

Außerdem

Spritzbeutel mit großer Lochtülle (ca. 12 mm)

Es braucht nur winterliche Gewürze, schöne Zucker-Deko, wenige Tricks und schwupps – sind aus den klassischen Amerikanern festliches Gebäck oder lustige Rentiere geworden.

Den Backofen auf 180 °C Ober-/Unterhitze (160 °C Umluft) vorheizen und ein Backblech mit Backpapier oder Dauerbackfolie auslegen.

Butter mit Zucker und Vanillezucker hell-cremig aufschlagen, nun Orangenschale zugeben und die Eier einzeln unterrühren. Mehl, Speisestärke, Spekulatius-Gewürz, 1 Prise Salz und Backpulver vermischen und im Wechsel mit Milch unter die Butter-Ei-Masse rühren.

Für die klassischen Amerikaner den Teig in einen Spritzbeutel mit großer Lochtülle füllen und mit ausreichend Abstand gleich große Kreise von ca. Ø 6 cm auf das Backblech spritzen.

Wer kleine Schneemann-Amerikaner machen möchte, spritzt ca. Ø 5 cm und Ø 2,5–3 cm große Kreise direkt übereinander auf das Blech. Beide Kreise sollten sich nur leicht berühren. Die Amerikaner **12–15 Minuten** im heißen Ofen (Mitte) backen. Aus dem Ofen nehmen und auf einem Kuchengitter vollständig auskühlen lassen.

Für den Guss Puderzucker sieben und mit Milch zu einem dicklichen Guss anrühren. Nach Belieben den Guss einfärben und die Amerikaner auf der glatten (Unter-)Seite damit bestreichen. Die Amerikaner mit weihnachtlichen Zuckerstreuseln dekorieren oder mit brauner Zuckerschrift (alternativ geschmolzene Schokolade) und Mini-Schokolinsen eine Lichterkette legen.

Mit Zuckeraugen, Mini-Salzbrezeln, dunkler Zuckerschrift und roten Schokolinsen lässt sich ein kleines Rentier Rudolf superleicht dekorieren. Ihr könnt den Guss auch mit Kakao braun einfärben. Die Schneemann-Amerikaner mit weißem Guss bestreichen und mit brauner und oranger Zuckerschrift ein Gesicht und Knöpfe malen.

Oles Tipp

Anstatt des Spekulatiusgewürzes können auch 2 TL Backkakao zum Teig gegeben werden. So könnt ihr leckere Schoko-Amerikaner backen. Mit Schoko-Glasur schmecken sie auch ganz toll!

Zubereitungszeit ★ 50 Minuten

Winter-Waffeln

MIT HEISSEN KIRSCHEN & SAHNE

Für ca. 6–7 Waffeln

Für die Kirschgrütze

1 Glas Schattenmorellen (Abtropfgewicht 450 g)
1 EL Speisestärke
3 EL Zucker
1 Pck. Vanillezucker
1 Msp. Zimt

Für die Waffeln

190 g Mehl (Type 405)
2 TL Backpulver
1 TL Spekulatiusgewürz (S. 12)
Salz
130 g weiche Butter
120 g Zucker
3 Eier (Größe M)
50 g Joghurt (3,5 % Fett)

Für die Vanillesahne

200 g Sahne
1 Pck. Vanillezucker
1 TL Zucker

Außerdem

Fett zum Ausbacken
etwas Puderzucker zum Bestäuben

Waffeln passen immer. Sie sind supereinfach gemacht und so lecker! Zusammen mit heißen Kirschen und Sahne einfach unschlagbar!

Für die Kirschgrütze die Kirschen in ein Sieb abgießen und den Saft auffangen. Speisestärke mit Zucker, Vanillezucker und 3 EL Kirschsaft glatt rühren.

150–160 ml Kirschsaft mit Zimt in einem Topf zum Kochen bringen. Sobald die Flüssigkeit kocht, die Speisestärke-Mischung zu dem kochenden Saft geben und währenddessen ständig mit einem Schneebesen rühren. Das Ganze bei mittlerer Hitze **2 Minuten** köcheln lassen. Den Topf vom Herd nehmen und die Kirschen hineinrühren.

Waffeleisen auf mittlerer Stufe vorheizen. Mehl mit Backpulver, Spekulatiusgewürz und 1 Prise Salz vermischen.

Butter mit Zucker hell-cremig aufschlagen. Nach und nach die Eier hinzufügen und gut unterrühren. Joghurt und die Mehlmischung ebenfalls unterrühren.

Das Waffeleisen nun dünn einfetten und pro Waffel je 2–3 EL Teig auf das Waffeleisen geben (siehe Tipp). Den Deckel verschließen und goldbraun backen.

Für die leckere Vanillesahne die Sahne einfach mit Vanillezucker und Zucker aufschlagen. Achtet darauf, dass Sahne und Rührschüssel schön kalt sind, dann lässt sich die Sahne viel besser aufschlagen.

Zum Schluss die Waffeln noch mit etwas Puderzucker bestäuben und mit Kirschgrütze und einem Klecks Vanillesahne servieren.

Oles Tipp

Je nach Waffeleisen sind die Waffeln langsamer oder schneller gebacken. Wichtig ist, dass das Waffeleisen nicht zu heiß eingestellt ist und dass nicht zu viel Teig eingefüllt wird. Lieber langsam an die richtige Temperatur und Menge herantasten.

Zubereitungszeit ★ 50 Minuten

Apfel-Zimt-Waffeln

WAFFEL-WEIHNACHTSZAUBER

Für 10–12 Waffeln

Für die Waffeln

500 g Mehl (Type 405)
2 TL Backpulver
1–1 ½ TL gemahlener Zimt
Salz
4 Äpfel
200 g weiche Butter
130 g Zucker
1 TL Vanillezucker
6 Eier (Größe M)
100 g Joghurt (3,5 % Fett)
400 ml Milch

Außerdem

Fett zum Ausbacken
Puderzucker zum Bestäuben

So riecht die Weihnachtszeit! Die Kombination von Äpfeln und Zimt ist einfach unschlagbar!

Waffeleisen auf mittlerer Stufe vorheizen. Das Mehl mit Backpulver, Zimt und 1 Prise Salz vermischen. Die Äpfel heiß abwaschen, entkernen und mit der Schale grob reiben. Wer keine Schale mag, kann die Äpfel aber auch gerne schälen.

Dann Butter mit Zucker und 1 PriseSalz 2 Minuten auf höchster Stufe hell-cremig aufschlagen. Nach und nach die Eier hinzugeben und gut unterrühren. Joghurt, Milch, Äpfel und die Mehlmischung dazugeben und kurz zu einem cremigen Waffelteig verrühren.

Das Waffeleisen dünn mit Öl einfetten und pro Waffel je 2–3 EL Teig auf das Waffeleisen geben (siehe Tipp S. 53). Deckel verschließen und goldbraun backen. Mit dem übrigen Teig ebenso verfahren.

Nach dem Backen die Waffeln noch mit Puderzucker bestäuben.

Oles Tipp

Das Apfelmus von S. 74 passt super dazu oder die Vanille-Sahne von S. 52!

Bratapfelkuchen
MIT PUDDING

Oles Tipp

Falls du Rosinen verwendest, sollten sie einmal gründlich mit kaltem Wasser gewaschen werden und dann abtropfen.

Für 1 Springform (Ø 26 cm)

Für den Mürbeteig

230 g Mehl (Type 405) + etwas mehr zum Arbeiten

Salz

70 g Zucker

1 Ei (Größe M)

130 g weiche Butter + etwas mehr für die Form

Für die Füllung

90 g Marzipanrohmasse

750–800 g Äpfel (z. B. Braeburn oder Boskoop)

Saft von 1 Bio-Zitrone

65 g gehackte Mandeln

60 g Rosinen (nach Belieben)

400 g Schmand

5 Eier (Größe M)

2 Pck. Vanillezucker

Abrieb von 1 Bio-Orange

1 TL Lebkuchengewürz (S. 12)

120 g Zucker

1 Pck. Vanillepuddingpulver

Für das Topping

40 g Mandelblättchen

Puderzucker zum Bestäuben

Wer Bratäpfel liebt, kommt an diesem Kuchen nicht vorbei! Eine Kombination aus säuerlichen Äpfeln, Marzipan und Vanillepudding! Mhhh …

Für den Mürbeteig als Erstes Mehl, 1 Prise Salz, Zucker, Ei und Butter zügig zu einem glatten Teig verkneten. Der Teig sollte nicht zu lange geknetet werden, da er dann zu warm wird (siehe Grundlagenteil). In Frischhaltefolie wickeln, etwas flach drücken und mindestens **30 Minuten** in den Kühlschrank legen.

Den Ofen auf 170 °C Ober-/Unterhitze (150 °C Umluft) vorheizen und die Springform dünn mit Butter einfetten, den Boden mit Backpapier auslegen und den Rand dünn mit Mehl bestäuben.

Die Marzipanrohmasse mit einer Küchenreibe grob raspeln. Die Marzipanrohmasse lässt sich leichter raspeln, wenn sie vorab **30 Minuten** im Gefrierfach durchkühlt.

Die Äpfel schälen, entkernen, in feine Würfelchen (1 cm groß) schneiden und mit Zitronensaft benetzen, damit sie nicht braun werden. Mit Mandeln, Rosinen und Marzipanrohmasse vermischen.

In einer anderen Schüssel Schmand, Eier, Vanillezucker, Orangenschale und Lebkuchengewürz verrühren. Zucker und Puddingpulver vermischen und unter die Schmandmasse rühren.

Mürbeteig aus dem Kühlschrank nehmen und auf einer leicht bemehlten Arbeitsfläche rund ausrollen, Form damit auslegen und einen Rand hochziehen. Darauf erst die Apfelmasse verteilen und darüber dann die Schmand-Creme. Den Kuchen im heißen Ofen (unteres Drittel) **ca. 1 Stunde** backen. Aus dem Ofen nehmen und gut abkühlen lassen.

Die Mandelblättchen in einer Pfanne ohne Fett anrösten und zum Abkühlen auf einen Teller geben. Kurz vor dem Servieren auf dem abgekühlten Bratapfelkuchen verteilen und noch etwas Puderzucker darüberstäuben. Am besten schmeckt der Kuchen mit Schlagsahne oder Vanilleeis.

Zubereitungszeit ★ 50 Minuten

Schneemann-Cupcakes

ZUM DAHINSCHMELZEN

Für 12 Stück

Für die Cupcakes

130 g weiche Butter

130 g Zucker

1 Pck. Vanillezucker

2 Eier (Größe M)

250 g Mehl (Type 405)

Salz

½ Pck. Backpulver

Für die Deko

200 g Sahne

1 Pck. Vanillezucker

1 EL Zucker

12 Marshmallows

dunkle Zuckerschrift oder geschmolzenen Schokolade

etwas Marzipan oder Fondant blau eingefärbt

Außerdem

Muffinblech

12 Papier-Muffinförmchen

Diese kleinen süßen Schneemann-Cupcakes bestehen aus einem fluffigen Vanilleküchlein und süßer Vanille-Sahne. Ein tolles Highlight auf einem weihnachtlichen Kuchenbuffet und strahlende Kinderaugen sind garantiert!

Den Ofen auf 180 °C Ober-/Unterhitze (160 °C Umluft) vorheizen. Ein Muffinblech mit Papierförmchen auslegen.

Butter, Zucker und Vanillezucker hell-cremig aufschlagen. Nach und nach die Eier unterrühren, bis sich alles gut verbunden hat.

Mehl mit 1 Prise Salz und Backpulver vermischen, zur Butter-Ei-Mischung geben und alles gut miteinander verrühren. Den Teig mithilfe von zwei Esslöffeln oder einem Eisportionierer auf die Papierförmchen verteilen. Im heißen Ofen (Mitte) **20–25 Minuten** backen und nach 18 Minuten die Stäbchenprobe machen.

Aus dem Ofen nehmen und vollständig auskühlen lassen.

Anschließend die Sahne mit Vanillezucker und Zucker aufschlagen und auf den Muffins verteilen – es darf ruhig etwas wild aussehen.

Jeweils 1 Marshmallow nehmen und mit Zuckerschrift ein Gesicht darauf malen. Aus dem Fondant die passenden Schals formen. Die Marshmallows auf den „Sahne-Schnee" oben auf die Cupcakes setzen und die Schals darum drapieren.

Oles Tipp

Der Rührteig kann ganz toll mit anderen Gewürzen oder auch geriebener Zitronen- oder Organgenschale abgeändert werden.

Zubereitungszeit ★ 90 Minuten

Dominostein-Schnitten

FESTLICHER BLECHKUCHEN

Für 1 tiefes Backblech (ca. 30 x 40 cm)

Für den Lebkuchen-Rührteig

250 g weiche Butter + etwas mehr für die Form
150 g Zucker
1 Pck. Vanillezucker
5 Eier (Größe M)
150 g Mehl (Type 405) + etwas mehr für die Form
40 g Speisestärke, Salz
1 EL Backkakao
2 TL Backpulver
100 g gemahlene Haselnusskerne
4 TL Lebkuchengewürz (S. 12)
100 g Joghurt (3,5 % Fett)
50 ml Milch

Für die Füllungen

400 g Marzipanrohmasse(S. 88)
100 ml warme Milch
200 g Sahne
1 Pck. Sahnesteif
100 g Mascarpone
250–300 g Aprikosenkonfitüre (ohne Stückchen)

Für die Schokoladen-Glasur

150 g Zartbitter-Kuvertüre
75 g Butter

Für die Deko

weiße Kuvertüre (nach Belieben)
Dominosteine

Festlicher und weihnachtlicher kann ein Blechkuchen wirklich nicht sein. Hier wird alles vereint, was man an der leckeren Weihnachtspraline so liebt: Lebkuchen, fruchtige Aprikose, Marzipan-Creme und Schokolade.

Den Backofen auf 180 °C Ober-/Unterhitze (160 °C Umluft) vorheizen, ein tiefes Backblech einfetten und dünn mit Mehl bestäuben.

Butter zusammen mit Zucker und Vanillezucker hell-cremig aufschlagen, nacheinander die Eier hinzugeben und gut unterrühren, bis sich alles verbunden hat. Mehl, Speisestärke, 1 Prise Salz, Kakao, Backpulver, Haselnüsse und Lebkuchengewürz vermischen und zusammen mit Joghurt und Milch so kurz wie möglich unter die Butter-Ei-Masse rühren. Den Teig auf das Backblech geben, glatt streichen und im heißen Ofen (Mitte) **ca. 20 Minuten** backen, nach 15 Minuten Stäbchenprobe machen (S. 8). Aus dem Ofen nehmen und im Blech auskühlen lassen.

Aprikosenkonfitüre in einem kleinen Topf unter Rühren 1 Minute aufkochen. Abkühlen lassen und anschließend lauwarm vorsichtig auf dem Kuchenboden verteilen.

Marzipanrohmasse klein zupfen und mit dem Handrührgerät oder der Küchenmaschine cremig rühren, währenddessen die warme Milch dazugeben. Sahne mit dem Sahnesteif steif schlagen. Die Marzipanmasse mit dem Mascarpone glatt rühren und die Sahne unterheben. Die Marzipan-Creme auf der Aprikosenschicht verteilen, glatt streichen. Für **1 Stunde** kaltstellen.

Kuvertüre hacken und zusammen mit der Butter über einem warmen Wasserbad schmelzen – die Glasur darf nur lauwarm werden. Nun die Glasur auf dem gut durchgekühlten Kuchen verteilen, vorsichtig glatt streichen und mindestens **2 Stunden** kaltstellen.

Nach Belieben noch weiße Kuvertüre schmelzen und weiße Schokofäden über den Kuchen ziehen. Die Dominosteine halbieren oder vierteln und den Kuchen damit garnieren.

Oles Tipp

Rührteige dürfen nicht zu lange verrührt werden, da das schnell zu einem trockenen Backergebnis führt.

Zubereitungszeit ★ 90 Minuten

Lebkuchen-Drip-Torte

DUFTENDER WEIHNACHTSZAUBER

Für 1 Springform (Ø 20–22 cm)

Für den Boden

350 g Mehl (Type 405)
3 TL Backpulver
3 TL Lebkuchengewürz (S. 12)
1 TL Backkakao
Salz
130 g brauner Zucker
150 g Honig
150 g Zuckerrübensirup
1 Pck. Vanillezucker
200 ml Milch
160 g kalte Butter + etwas mehr für die Form
Abrieb von 1 Bio-Orange
3 Eier (Größe M)

Für die Füllung

170 g Pflaumenmus (ohne Stückchen, ansonsten pürieren)
Abrieb von ½ Bio-Orange
½ TL gemahlener Zimt
3 Pck. Sahnesteif
3 EL Zucker
1 Pck. Vanillezucker
400 g Sahne
250 g Mascarpone

Mehr nach Weihnachten geht nicht! Diese leckere Drip-Torte hat einfach alles, was man sich von einer Weihnachtstorte wünscht.

Für den Boden Mehl, Backpulver, Lebkuchengewürz, Kakao und 1 Prise Salz vermischen und beiseitestellen.

Braunen Zucker, Honig, Zuckerrübensirup, Vanillezucker und Milch in einem kleinen Topf unter Rühren einmal aufkochen lassen und anschließend in eine Rührschüssel geben. Nun kalte Butter unter die Masse rühren, dies kühlt die Masse etwas ab, sie sollte aber noch weiter abkühlen, bis sie nur noch lauwarm ist.

Den Ofen auf 160 °C Ober-/Unterhitze (140 °C Umluft) vorheizen. Den Boden einer Springform mit Backpapier auslegen und den Rand dünn mit Öl oder Butter einfetten.

Nun den Orangenabrieb zugeben und die Eier nach und nach langsam unterrühren. Die Mehlmischung hineingeben und kurz mit der Masse vermengen – nicht zu lange rühren!

In die Form geben und im heißen Ofen (Mitte) **ca. 50–60 Minuten** backen. Nach **45 Minuten** die Stäbchenprobe machen (siehe Grundlagenteil). Wenn der Kuchen oben zu dunkel wird, einfach eine Lage Alufolie darauflegen und weiterbacken. Den Kuchen aus dem Ofen nehmen und **ca. 15 Minuten** auskühlen lassen. Anschließend aus der Form lösen und auf einem Kuchengitter ganz auskühlen lassen.

Währenddessen Pflaumenmus mit geriebener Orangenschale und Zimt verrühren. Dann Sahnesteif mit Zucker und Vanillezucker vermischen und anschließend die Sahne steif schlagen, dabei die Mischung langsam einrieseln lassen. In einer anderen Schüssel den Mascarpone cremig rühren und dann die aufgeschlagene Sahne unterheben.

weiter geht's auf Seite 63

Weiter geht's

Für den Drip

100 g Zartbitter-Kuvertüre
100 g Sahne
½ TL gemahlener Zimt
1 TL Kokosfett

Für die Deko

z. B. Lebkuchenmänner (S. 46)
Zimtsterne und andere Plätzchen nach Belieben
Dominosteine
Zuckerstreusel
Sternanis
Zimtstangen

Den Kuchen zweimal waagerecht aufschneiden. Den oberen der drei Böden verkehrt herum auf eine Tortenplatte legen und einen Tortenring darumsetzen. Als Erstes die Hälfte der Pflaumenmus-Masse auf den Boden geben und glatt streichen. Dabei sollte nach außen ein ca. 1 cm breiter Rand gelassen werden. Darauf die Hälfte der Mascarpone-Creme geben und ebenfalls glatt streichen. Den mittleren Boden daraufsetzen und die Füllungen wie beim ersten Boden daraufgeben. Zum Schluss den untersten Boden mit der glatten Unterseite nach oben auf die Torte gesetzt. Dadurch hat die Torte eine gerade Oberseite. Die Torte mindestens **4 Stunden** in den Kühlschrank stellen.

Für den Drip die Kuvertüre hacken. Die Sahne zusammen mit dem Zimt aufkochen. Den Topf vom Herd nehmen, Kuvertüre sowie Kokosfett dazugeben und so lange unterrühren, bis alles geschmolzen ist.

Der Drip sollte so lange abkühlen, bis er maximal noch handwarm (36–37 °C) ist – sonst schmilzt die Mascarpone-Creme.

Den Drip mittig auf den durchgekühlten Kuchen geben (nicht alles auf einmal) und mit einer kleinen Winkelpalette oder einem Buttermesser so verteilen, dass die Glasur an den Seiten herunterläuft. Nicht zu viel Glasur auf einmal verwenden.

Nun nach Belieben die Torte mit kleinen Lebkuchenmännern, Plätzchen, Dominosteinen etc. dekorieren.

Oles Tipp

Am besten lässt sich der Kuchen mit einem heißen Messer schneiden: Füllt heißes Wasser in ein hohes Gefäß und haltet das Messer einige Sekunden hinein. Mit etwas Küchenpapier abtrocknen und schneiden. Schritt wiederholen, bis der Kuchen geschnitten ist. Durch die Hitze gleitet das Messer ganz einfach durch den Kuchen.

Zubereitungszeit ★ 90 Minuten

Festliche Marzipantorte

EIN WUNDERBARER KLASSIKER

Für 1 Springform (Ø 26 cm)

Für den Biskuitboden

4 Eier (Größe M)

150 g Zucker

1 Pck. Vanillezucker

150 g Mehl (Type 405)

4 TL Backpulver

Salz

Für die Füllung

2 Pck. Vanillezucker

2 Pck. Sahnesteif

600 g kalte Sahne

200 g gemahlene Haselnusskerne

120–130 g Aprikosenkonfitüre (ohne Stückchen)

Diese leckere Sahnetorte zählt zu den absoluten Tortenklassikern. Sie lässt sich kreativ dekorieren, und grade jetzt zur Weihnachtszeit sehen natürlich kleine Schneemänner und Schneeflocken total süß darauf aus.

Den Backofen auf 180 °C Ober-/Unterhitze (160 °C Umluft) vorheizen und den Boden der Springform mit Backpapier auslegen.

Eier mit Zucker und Vanillezucker **5 Minuten** mit einem Handrührgerät oder einer Küchenmaschine auf höchster Stufe hell-cremig und schaumig aufschlagen.

Mehl mit Backpulver und 1 Prise Salz vermischen und durch ein feines Küchensieb sieben. Nun die Mehlmischung in zwei Schritten vorsichtig unterheben. Anschließend die Biskuitmasse direkt in die Springform geben und im heißen Ofen (Mitte) **23–25 Minuten** backen. Aus dem Ofen nehmen und den Biskuitboden mit einem Messer vom Rand der Springform lösen, damit er beim Abkühlen nicht einreißt. Auf einem Kuchengitter vollständig auskühlen lassen und den abgekühlten Boden waagerecht halbieren.

Für die Füllung Vanillezucker mit Sahnesteif vermischen und die Sahne steif schlagen, dabei die Mischung langsam einrieseln lassen. Die Haselnüsse vorsichtig unterheben.

Den unteren Biskuitboden auf eine Tortenplatte setzen, einen Tortenring darum legen und mit der Aprikosenkonfitüre bestreichen. Von der Haselnusssahne 7 EL abnehmen, den Rest auf dem bestrichenen Boden verteilen und glatt streichen. Nun den zweiten Tortenboden darauflegen. Torte und restliche Haselnusssahne **2 Stunden** in den Kühlschrank stellen.

Den Tortenring entfernen und die komplette Torte mit der übrigen Haselnusssahne bestreichen.

weiter geht's auf Seite 67

Oles Tipp

Anstatt der Figuren kann die Torte auch mit Sahnetuffs und ganzen Haselnüssen, Krokant, gerösteten Mandelblättchen oder gehackten Mandeln dekoriert werden.

Für die Deko

1 Marzipandecke zum Überziehen (ca. 300 g)

500 g Modelliermarzipan, alternativ Rollfondant (weiß)

Lebensmittelfarbe (Paste)

Zuckerkleber

dunkle Zuckerschrift

Puderzucker zum Bestäuben

Zahnstocher oder kleine Schaschlikspieße

Die Marzipandecke daraufgeben, glatt streichen und die Torte nach Belieben dekorieren. Aber ACHTUNG: Die Figuren dürfen nicht zu groß oder zu schwer sein – dafür ist die Torte nicht stabil genug.

Die Marzipandecke mit etwas Puderzucker bestäuben und so eine kleine Winterlandschaft kreieren.

Ein kleiner Schneemann lässt sich ganz einfach formen. Dazu werden eine große Kugel als Körper und eine etwas kleinere als Kopf geformt und aufeinandergesetzt. Mit orange eingefärbter Marzipanmasse kann die Karottennase modelliert werden. Süß sieht auch ein Schal aus dünn ausgerolltem Marzipan oder Fondant aus. Die Enden können mit einem Messer „ausgefranst" werden. Als Augen, Mund und Knöpfe eignet sich dunkle Zuckerschrift super.

Als Kleber kann sowohl Eiweißspritzglasur (S. 34 oder 46), oder eben Zuckerkleber verwendet werden. Zum Schluss kann noch etwas Puderzucker als süßer Schnee darübergesiebt werden.

Für die Tannenbäumchen, die auch prima seitlich neben der Torte als Deko aussehen, wird grüner Fondant oder die Marzipanmasse zu Kegeln geformt und rundherum mit einer kleinen Schere eingeschnitten, sodass viele kleine Dreiecke entstehen. So verwandelt sich der Kegel Schnitt für Schnitt in einen kleinen süßen Tannenbaum. Auch die Tannenbäume können mit Eiweißspritzglasur oder Puderzucker dekortiert werden.

Wichtig: Gut trocknen lassen, am besten über Nacht.

Damit die Figuren stabil auf der Torte stehen und nicht umfallen, kann jeweils ein Zahnstocher bis zur Mitte von unten in die Figuren gesteckt werden. So können die Figuren prima auf die Torte gesteckt werden.

Zubereitungszeit ★ 60 Minuten

Weihnachtlicher Zupfkuchen

DER KLASSIKER MAL ANDERS

Für 1 Springform (Ø 26 cm)

Für den Schoko-Mürbeteig

250 g Mehl (Type 405)
2 TL Lebkuchengewürz (S. 12)
60 g Zucker
1 Pck. Vanillezucker
20–25 g Backkakao
½ TL Backpulver
Salz
100 g weiche Butter
1 Ei (Größe M)
3–5 EL Milch (nach Bedarf)

Für die Füllung

70 g Speisestärke
150 g Zucker
1 Pck. Vanillezucker
1 kg Speisequark (Magerstufe)
200 g zerlassene Butter
3 Eier (Größe M)

Außerdem

Stern-Ausstecher in verschiedenen Größen

Russischer Zupfkuchen ist ein absoluter Klassiker. Die perfekte Kombination aus Käsekuchen und Schokolade! Diese festliche Variante bekommt aber noch eine große Portion Weihnachten eingehaucht. Umwerfend lecker!

Den Boden einer Springform mit Backpapier auslegen.

Mehl, Lebkuchengewürz, Zucker, Vanillezucker, Kakaopulver, Backpulver und 1 Prise Salz vermischen, dann mit Butter und Ei verkneten. Ist der Teig zu krümelig und kommt nur schwer zusammen, esslöffelweise Milch zugeben, bis die Konsistenz passt. Den Teig einmal halbieren und eine der beiden Hälften nochmals halbieren.

Mit der einen Teighälfte den Boden der Springform auskleiden. Eines der beiden Viertel zu einem Strang formen und damit den Rand der Springform hoch auskleiden. Das andere Viertel in Frischhaltefolie wickeln und zusammen mit der Springform **1 Stunde** in den Kühlschrank stellen. Daraus werden später die Sternchen.

Den Backofen auf 180 °C Ober-/Unterhitze (160 °C Umluft) vorheizen.

Speisestärke, Zucker und Vanillezucker vermischen und mit Quark, zerlassener Butter und Eiern vorsichtig verrühren. Es sollte keine Luft in die Masse gearbeitet werden. Die Springform aus dem Kühlschrank holen, den Boden mit einer Gabel einstechen, damit der Teig keine Blasen wirft und die Füllung auf den Boden geben. Wenn der Rand zu diesem Zeitpunkt mehr als 1 cm über der Creme steht, rundherum mit einem Messer etwas einkürzen.

Den restlichen Teig 3–4 mm dick ausrollen, mit verschieden großen Sternen ausstechen und diese vorsichtig auf dem Kuchen verteilen. Die Sternchen können ruhig etwas überlappen.

Im heißen Ofen (Mitte) **40–50 Minuten** backen. Wenn der Rand leicht bräunt, aus dem Ofen nehmen und in der Form auskühlen lassen.

Oles Tipp

Am besten schmeckt er, wenn ihr ihn über Nacht im Kühlschrank durchkühlen lasst.

In der Wichtelküche:

huhu, ich bin hier drüben

Süßer Wichtelgenuss

„Wenn es draußen stürmt und schneit,
ist die Weihnachtszeit nicht weit."
Hier warten Bäuchleinwärmer auf dich.
Genau das Richtige, wenn es draußen
kalt und ungemütlich ist!

Zubereitungszeit ★ 30 Minuten

Kaiserschmarrn

MIT APFELMUS

Für 4 Portionen

Für das Apfelmus

8 Äpfel (z. B. Boskoop, Elstar oder Braeburn)

3–5 EL Zucker (je nach Apfelsorte)

Saft von 1 Zitrone

1 Zimtstange

Für den Kaiserschmarrn

4 Eier (Größe M)

130 ml Milch

40 g Zucker

1 Pck. Vanillezucker

130 g Mehl (Type 405)

Salz

1 TL Backpulver

2–3 EL Rosinen (nach Belieben)

Außerdem

4 EL Butter

Puderzucker

Genau das Richtige nach einem langen Winterspaziergang: Kaiserschmarrn und selbstgekochtes Apfelmus ... einfach himmlisch lecker!

Für das Apfelmus die Äpfel schälen, vierteln und putzen. Die Apfelspalten grob würfeln und mit ca. 200 ml Wasser, Zucker, Zitronensaft und Zimtstange in einen Topf geben. **25–30 Minuten** köcheln lassen, die Zimtstange entfernen, pürieren und in eine Schüssel zum Servieren geben.

Die Eier trennen, Eiweiß beiseitestellen. Eigelb, Milch, Zucker, Vanillezucker, Mehl, 1 Prise Salz und Backpulver klümpchenfrei verrühren, nach Belieben noch Rosinen zu der Masse geben und **10–15 Minuten** quellen lassen.

Eiweiß mit 1 Prise Salz steif schlagen. Den Eischnee vorsichtig in zwei Portionen unter die Mehl-Ei-Masse heben.

2 EL Butter in einer großen Pfanne bei mittlerer Temperatur zerlassen, den Teig in die Pfanne (gerne beschichtet) geben und goldbraun backen. Nach **2–3 Minuten** den Pfannkuchen wenden und die restliche Butter in die Pfanne geben.

Sobald er auch von der anderen Seite goldbraun und knusprig ist, den Kaiserschmarrn mit zwei Gabeln in mundgerechte Stücke zupfen. Mit Puderzucker bestäuben und mit Apfelmus servieren.

Oles Tipp

Zu dem Kaiserschmarrn passen anstatt Apfelmus auch Vanillesauce, Vanilleeis und Kirschkompott oder Zwetschgenkompott.

Zubereitungszeit ★ 40 Minuten

Klassische Bratäpfel

MIT VANILLESAUCE

Für 4 Stück

Für die Äpfel

4 große, säuerliche Äpfel (z. B. Elstar oder Boskoop)

Saft von ½ Zitrone

5 EL weiche Butter

100 g Marzipanrohmasse (S. 88)

1 Msp. gemahlener Zimt

30 g gehackte Haselnusskerne (alternativ gehobelt)

Abrieb von ½ Bio-Orange

Für die Vanillesauce

1 Eigelb (Größe M)

300 ml Milch

20–25 g Zucker

2 TL Vanillepaste

Salz

2 EL Speisestärke

200 g Sahne

Mhhh, Bratäpfel … So lecker fruchtig und saftig mit einer süßen Füllung aus Marzipan, Nüssen und Gewürzen. Kombiniert mit einer cremigen Vanillesauce. Ein beliebter Weihnachtsklassiker bei Klein und Groß!

Den Ofen auf 180 °C Ober-/Unterhitze (160 °C Umluft) vorheizen und die Auflaufform mit 1 EL Butter einfetten.

Äpfel gründlich waschen, den oberen Teil abschneiden und beiseitelegen. Das Kerngehäuse mit einem Apfelausstecher entfernen, noch etwas mehr mit einem Teelöffel aushöhlen und die Äpfel mit Zitronensaft benetzen.

Butter mit Marzipanrohmasse, Zimt, Haselnüssen und der Orangenschale mit den Knethaken eines Handrührgeräts oder einem Kartoffelstampfer vermengen. Die Äpfel befüllen – die Füllung darf ruhig etwas über den Rand gucken. Deckel drauf und die Bratäpfel in die Auflaufform setzen. Die Bratäpfel im heißen Ofen (Mitte) **25–30 Minuten** (je nach Apfelgröße) backen.

Währenddessen Eigelb mit 50 ml der Milch, Zucker, Vanillepaste, 1 Prise Salz und Speisestärke klümpchenfrei verrühren. Die restliche Milch mit der Sahne in einen Topf geben und aufkochen lassen. Den Topf von der Herdplatte nehmen und unter Rühren die Vanillemasse dazugeben. Den Topf zurück auf den Herd stellen und unter ständigem Rühren die Vanillesauce **1–2 Minuten** aufkochen. In eine Sauciere füllen und mit etwas Frischhaltefolie abdecken, damit sich keine Haut bildet, bis sie serviert wird.

Sobald die Bratäpfel fertig sind, aus dem Ofen nehmen und direkt warm mit der Vanillesauce servieren.

Oles Tipp

Wenn ihr mögt, könnt ihr auch noch 1–2 EL Rosinen in die Füllung geben, die ihr vorher **1 Stunde** in Apfelsaft eingeweicht habt. Neben Vanillesauce passt auch Vanilleeis prima zu den Bratäpfeln.

Zubereitungszeit ★ 30 Minuten

Risengrød

SKANDINAVISCHER MILCHREIS MIT ZIMTZUCKER & BUTTER

Für 4–5 Portionen

Für den Milchreis

Salz

180 g Milchreis

1,5 l Milch

1 TL Vanillepaste

Außerdem

4–5 EL Zucker

3 EL gemahlener Zimt

4–5 TL Butter

Dieser typische Weihnachtsmilchreis wird auch „Nissegröt", „Risgrynsgröt" oder „Tomtegröt" genannt. An Heiligabend ist es in den skandinavischen Ländern üblich, den Wichteln ein Schüsselchen von eben diesem Milchreis vor die Tür oder in den Stall zu stellen, um sich für ihre Hilfe über das Jahr zu bedanken und sie bei guter Laune zu halten. Wurde das Schälchen mit dem süßen Reisbrei aber vergessen, so waren die Wichtel der Sage nach verärgert, und man musste für das kommende Jahr mit Unglück rechnen.

200 ml Wasser mit 1 Prise Salz in einem Topf aufkochen. Den Milchreis dazugeben und unter stetigem Rühren 3 Minuten köcheln lassen. Achtung, das Ganze brennt schnell an! Etwas einfacher funktioniert es in einem beschichteten Topf. Milch und Vanillepaste zugeben und unter stetigem Rühren zum Kochen bringen.

Lasst euch nicht von der großen Menge Flüssigkeit abschrecken – der Milchreis dickt noch stark ein. Den Deckel auflegen und bei schwacher Hitze **45–60 Minuten** köcheln lassen, dabei unbedingt immer wieder gut durchrühren, damit der Milchreis nicht anbrennt.

Nach der Kochzeit vom Herd nehmen und noch **30 Minuten** mit geschlossenem Deckel ziehen lassen. Zucker und Zimt in einem Schälchen mischen. Anschließend den noch warmen Milchreis auf Schälchen verteilen und mit Zimtzucker und je 1 TL Butter pro Portion servieren. Dazu passen Sauerkirschen.

Oles Tipp

Der Milchreis schmeckt auch mit Marmelade, Apfelmus (S. 74) oder heißen Kirschen toll! Diese Art von Milchreis ist viel dünnflüssiger als die breiige Konsistenz, die man hier kennt. Wenn ihr das nicht so gern mögt, gebt noch 30–40 g mehr Reis dazu.

Zubereitungszeit ★ 30 Minuten

Quark-Grieß-Auflauf

MIT BEEREN

Für 1 runde Auflaufform (Ø 26 cm), oder 1 eckige Auflaufform (30 x 25 cm)

- Butter für die Form
- 4 Eier (Größe M)
- Salz
- 80 g Zucker
- 2 Pck. Vanillezucker
- 500 g Speisequark (alternativ Topfen) (40 % Fett)
- 75 g Weichweizengrieß
- 150–200 g TK-Beerenmischung
- Mandelblättchen
- Puderzucker

Quark-Grieß-Auflauf ist eine leckere Süßspeise aus dem Ofen und schmeckt sowohl warm als auch kalt.

Eine Auflaufform mit der Butter einfetten und beiseitestellen. Den Backofen auf 180 °C Ober-/Unterhitze (160 °C Umluft) vorheizen.

Eier trennen und das Eiweiß mit 1 Prise Salz steif schlagen und kurz beiseitestellen. Eigelbe mit Zucker und Vanillezucker hell-cremig aufschlagen, Quark und Weichweizengrieß zugeben und gut verrühren. Die gefrorenen Beeren zugeben, zum Schluss noch den Eischnee vorsichtig unterheben und die Masse in die Form geben.

Mit Mandelblättchen bestreuen und im heißen Ofen (Mitte) **ca. 30 Minuten** backen. Falls der Auflauf zu dunkel wird, mit einer Lage Alufolie abdecken und zu Ende backen. Aus dem Ofen nehmen und vor dem Servieren **ca. 5 Minuten** ruhen lassen. Dann mit Puderzucker bestäuben und servieren.

Oles Tipp

Dieser Auflauf ist ein echter Verwandlungskünstler und reicht für ca. 4 Personen. Er schmeckt auch mit Kirschen, Äpfeln, Birnen – oder einfach so ganz ohne Früchte. Dazu schmeckt die Vanillesauce von Seite 76.

Zubereitungszeit ★ 30 Minuten

Heißer Grießbrei

MIT WINTERLICHER HIMBEERSAUCE

Für 2–3 Portionen

Für die Himbeersauce

250 g TK-Himbeeren
1 TL Zucker
1 Pck. Vanillezucker
Abrieb von 1 Bio-Orange
½ TL Lebkuchengewürz (S. 12)

Für den Grießbrei

400 ml Milch
1 TL Zucker
1 Pck. Vanillezucker
Salz
40 g Weichweizengrieß
1 Eigelb (Größe M)
1 EL Butter

Grießbrei ist Futter für die Seele! Wenn es draußen so richtig ungemütlich ist oder wenn man mal einen schlechten Tag hat – Grießbrei gibt einem immer ein Gefühl von wohliger Geborgenheit.

Die Himbeeren mit 50 ml Wasser, Zucker, Vanillezucker, Orangenschale und Lebkuchengewürz zum Kochen bringen. Nach **5 Minuten** einfach pürieren und gegebenenfalls durch ein feines Sieb streichen.

Milch mit Zucker, Vanillezucker und 1 Prise Salz zum Kochen bringen.

Den Topf vom Herd nehmen, den Grieß mit einem Schneebesen in die heiße Milch einrühren, den Topf zurück auf den Herd stellen und unter ständigem Rühren einmal aufkochen lassen. Vom Herd nehmen und **5 Minuten** ziehen lassen. Danach unter ständigem Rühren Eigelb und Butter in den noch heißen Grießbrei geben und gut unterrühren.

Oles Tipp

Der Grießbrei schmeckt, genau wie die Himbeersauce, natürlich auch kalt sehr gut. Anstatt der Sauce könnt ihr ihn auch mit Zimtzucker servieren.

Zubereitungszeit ★ 60 Minuten

Schneeäpfel

BRATÄPFEL MIT BAISERHAUBE

Für 4 Stück

Für die Äpfel

- 1 EL Butter für die Form
- 4 große säuerliche Äpfel (z. B. Braeburn oder Boskoop)
- etwas Zitronensaft
- 2 EL Rosinen (nach Belieben, siehe Tipp)
- 80 g Pflaumenmus
- 2 EL Kleinblatt-Haferflocken
- Abrieb von 1 Bio-Orange
- 70 g gehackte Walnusskerne
- 1 Pck. Vanillezucker

Für die Baiserhaube

- 2 Eiweiß (Größe M)
- Salz
- 80 g Zucker

Außerdem

- 2 EL Mandelblättchen
- Puderzucker

Diese leckeren Bratäpfel haben eine süße Baiserhaube und schmecken einfach nur himmlisch gut.

Den Ofen auf 180 °C Ober-/Unterhitze (160 °C Umluft) vorheizen und eine Auflaufform mit Butter einfetten.

Äpfel gründlich waschen, den oberen Teil abschneiden und beiseitelegen. Das Kerngehäuse mit einem Apfelausstecher entfernen, noch etwas mehr mit einem Teelöffel aushöhlen und die Äpfel mit Zitronensaft benetzen. Die vorbereiteten Äpfel in die Auflaufform stellen.

Rosinen, Pflaumenmus, Haferflocken, Orangenschale, Walnüsse und Vanillezucker in einer Schüssel verrühren und die Äpfel damit füllen. Den abgeschnittenen Deckel daraufsetzen und im heißen Ofen (Mitte) **20 Minuten** backen.

In der Zwischenzeit für das Baiser Eiweiß mit 1 Prise Salz und Zucker so lange aufschlagen, bis sich der Zucker aufgelöst hat und sich Spitzen bilden. Um zu überprüfen, ob es so weit ist, könnt ihr etwas von der Masse zwischen Daumen und Zeigefinger verreiben. Wenn ihr keine Zuckerkristalle mehr spürt, ist die Baisermasse fertig.

Den Ofen auf 160 °C Ober-/Unterhitze (140 °C Umluft) runterschalten.

Die Äpfel aus dem Ofen nehmen und den Deckel vorsichtig abnehmen. Nun vorsichtig die Baisermasse auf den Äpfeln verteilen, mit Mandelblättchen bestreuen und nochmals **10–12 Minuten** im heißen Ofen (Mitte) backen.

Wenn die Mandelblättchen und die Baiserhaube eine goldgelbe Farbe annehmen, sind die Schneeäpfel fertig. Aus dem Ofen nehmen und mit etwas Puderzucker bestäuben.

Oles Tipp

Sehr gut schmecken auch getrocknete Datteln anstatt Rosinen. Dazu einfach 4–5 Datteln (ggf. vom Stein befreien) fein hacken.

Zubereitungszeit ★ 30 Minuten

Kinderpunsch

IN ZWEI LECKEREN VARIANTEN

Für den roten Trauben-Kinderpunsch

500 ml Apfelsaft

500 ml roter Traubensaft

1 Pck. Vanillezucker

2 Zimtstangen

2 Sternanis

1 Gewürznelke

2 Beutel roter Früchtetee

1 Bio-Orange

Honig (alternativ Ahornsirup, nach Belieben)

Für den hellen Apfel-Kinderpunsch

1 l Apfelsaft

1 Pck. Vanillezucker

2 Zimtstangen

2 Sternanis

1 Gewürznelke

Honig oder Ahornsirup (nach Belieben)

200 ml Orangensaft

1 Apfel

Kinderpunsch ist ein toller Bäuchleinwärmer. Er schmeckt Groß und Klein und lässt sich mit verschiedenen Gewürzen ganz toll abwandeln!

Roter Trauben-Kinderpunsch

Apfelsaft und Traubensaft zusammen mit den Gewürzen und 200 ml Wasser in einen Topf geben, erhitzen und einmal aufkochen lassen. Die Orange heiß waschen und in Scheiben schneiden. Den Topf vom Herd nehmen und Früchtetee und Orangenscheiben zugeben. So muss der Punsch dann **8–10 Minuten** ziehen. Teebeutel und Gewürze herausnehmen, den Punsch noch nach Belieben mit Honig süßen und servieren.

Heller Apfel-Kinderpunsch

Apfelsaft zusammen mit 200 ml Wasser und Gewürzen in einen Topf geben, erhitzen und **10 Minuten** bei geschlossenem Deckel köcheln lassen. Orangensaft zugeben, den Topf vom Herd nehmen und noch mal **5 Minuten** ziehen lassen. Den Apfel waschen, nach Belieben schälen, putzen und fein würfeln und als Einlage in den Punsch geben. Die Gewürze herausnehmen und den Punsch servieren.

Oles Tipp

Fruchtige Einlagen sehen in Punschgläsern immer toll aus. Bei dem Trauben-Kinderpunsch sehen halbierte Orangenscheiben toll aus. Beim hellen Apfel-Kinderpunsch könnt ihr neben Apfelwürfelchen auch kleine Sterne aus Apfelscheiben ausstechen und in die Gläser legen. Sternanis sieht auch sehr hübsch aus.

Zubereitungszeit ★ 30 Minuten

Christmas Fudge

KONFEKT MIT PISTAZIEN, MACADAMIAS & CRANBERRYS

Für 1 Form (ca. 20 x 25 cm)

Für das Fudge

40 g Butter + etwas mehr für die Form

400 g weiße Kuvertüre

1 Dose gezuckerte Kondensmilch (ca. 395 g)

100 g ganze gesalzene Macadamianusskerne

40–50 g ungesalzene Pistazienerne

100 g getrocknete Cranberrys

Für das Topping

30–40 g getrocknete Cranberrys

30 g Pistazienkerne

30 g Macadamianusskerne

Hach ja, Fudge ist schon was Tolles. Eigentlich ist es perfekt zum Verschenken, leider kommt es nur nie dazu ... Einfach zu köstlich ...

Die Form leicht einfetten und mit Backpapier auslegen.

Kuvertüre grob hacken und mit Butter über einem warmen Wasserbad schmelzen. In eine andere Schüssel umfüllen und die gesüßte Kondensmilch unterrühren. Sobald sich die Kuvertüre mit der Kondensmilch verbindet, dickt die Masse an.

Die übrigen Zutaten dazugeben, unterrühren und in die Form füllen. Für das Topping Cranberrys, Pistazien sowie Macadamianüsse hacken und über der Masse verteilen. **5–6 Stunden** in den Kühlschrank stellen, dann die Masse portionieren. Wenn die Portionen etwa walnussgroß ausfallen, kann man sie in kleinen Pralinenförmchen servieren.

Oles Tipp

Fudge lässt sich mit allen möglichen getrockneten Früchten, Nüssen und Gewürzen abwandeln. Deiner Fantasie sind keine Grenzen gesetzt.

Zubereitungszeit ★ 30 Minuten

Marzipankartoffeln

AUS SELBST GEMACHTEM MARZIPAN

Für 20–25 Stück

Für die Marzipanrohmasse

200 g geschälte ganze Mandeln

150 g Puderzucker

3 Tropfen Bittermandelaroma

1–2 TL Rosenwasser (nach Belieben)

Für die Marzipankartoffeln

200 g Marzipanrohmasse

50 g Puderzucker

1 TL Vanillepaste

1 EL Backkakao

2 EL Puderzucker

Marzipankartoffeln sind kleine Leckerbissen aus Marzipan, Kakao und Vanille. Am besten schmecken sie natürlich selbst gemacht und am ALLERbesten, wenn man auch die Marzipanrohmasse selbst hergestellt hat.

Die Mandeln in einen Standmixer oder einen Blitzhacker geben und auf höchster Stufe ganz fein zerkleinern. Damit sie gleichmäßig zerkleinert werden, die Seiten des Mixers immer wieder gut abschaben. Je feiner die Mandeln zerkleinert werden, desto feiner wird die Marzipanrohmasse später. Den Puderzucker gründlich sieben, dazugeben und gut mit den Mandeln mixen.

Die Masse in eine Schüssel geben und mit Bittermandelaroma und nach Belieben mit Rosenwasser verkneten.

Wenn die Marzipanmasse dabei nicht so leicht zusammenkommt, könnt ihr teelöffelweise kaltes Wasser hinzugeben. Die fertige Marzipanrohmasse hält sich, luftdicht und kühl gelagert, über mehrere Wochen frisch.

Marzipankartoffeln

Die Marzipanrohmasse etwas geschmeidig kneten. Warm lässt sie sich besser mit den anderen Zutaten vermengen. Puderzucker und Vanillepaste mit der Marzipanrohmasse verkneten.

Wenn sich alles gut verbunden hat, die Masse halbieren und jeweils zu ca. 2 cm dicken Rollen formen. Die Rollen mit einem Messer oder einer Teigkarte in ca. 2 cm große Stücke schneiden und zu glatten Kugeln formen.

In einer kleinen Schüssel Kakaopulver mit Puderzucker vermischen und die Marzipankartoffeln darin wälzen.

Die fertigen Marzipankartoffeln noch einmal vorsichtig in einem feinen Sieb rütteln, um das überschüssige Kakao-Puderzucker-Pulver abzuschütteln, und in kleinen Pralinenförmchen servieren.

Oles Tipp

Marzipanrohmasse eignet sich natürlich nicht nur für Marzipankartoffeln. Auch in Bratäpfeln (S. 76), Traumstücken (S. 22) oder für Dekorationen eignet sie sich prima.

yummy
greif zu!

Wichtel-Frühstück

„Die wichteligste Mahlzeit des Tages.“
Hier findest du abwechslungsreiche Rezepte
für ein gemütliches Wichtel-Frühstück!

Zubereitungszeit ★ 60 Minuten

Weckmann

STUTENKERL & GRITTIBÄNZ

Für 8–10 Stück

Für den Hefeteig

1 ½ Würfel frische Hefe (ca. 60 g)

130 g Zucker

900 g Mehl

2 Pck. Vanillezucker

Salz

2 Eier (Größe M)

350 ml lauwarme Milch

120 g weiche Butter

Außerdem

1 Eigelb (Größe M)

3 EL Milch

Für die Deko (nach Belieben)

Rosinen

Hagelzucker

Schleifenbändchen

Lollies

Egal ob Weckmann, Stutenkerl oder Grittibänz - lecker sind sie alle. Diese kleinen Hefemännchen gehören zur kalten Jahreszeit einfach dazu!

Hefe mit 1 Prise Zucker in 3 EL lauwarmem Wasser auflösen. Mehl in eine große Schüssel geben, eine Mulde formen, die Hefe hineingeben, mit etwas Mehl bestäuben und abgedeckt **10–15 Minuten** gehen lassen. Restlichen Zucker, Vanillezucker, ½ TL Salz, Eier und lauwarme Milch hinzugeben und grob verkneten. Die Butter dazugeben und zu einem geschmeidigen Hefeteig weiterkneten. Mit Frischhaltefolie abgedeckt, an einem warmen Ort **90 Minuten** gehen lassen.

Ein Backblech mit Backpapier oder Dauerbackfolie auslegen.

Den Teig in ca. 200 g schwere Portionen teilen und zu Kugeln formen (siehe Süße Milchhörnchen, Seite 96). Die Teigkugeln locker abdecken und **5–8 Minuten** ruhen lassen. Anschließend die Kugeln jeweils auf eine Länge von ca. 18–20 cm oval ausrollen. Nun den Teig mit dem Messer oder einer Schere von der Unterseite mittig einschneiden und die Teigstücke leicht auseinanderziehen. Für den Kopf an der oberen Seite auf beiden Seiten den Teig schräg nach oben einschneiden. Nun seitlich noch die Arme nach oben einschneiden und leicht vom Körper lösen. Die kleinen Männchen, locker abgedeckt, nochmals **15 Minuten** gehen lassen.

Eigelb mit Milch verrühren, die Männchen damit dünn bestreichen und nach Belieben mit Rosinen und Hagelzucker dekorieren.

Wichtig: Wenn die Rosinen für Augen, Nase, Mund und Knöpfe platziert werden, müsst ihr sie richtig tief in den Teig drücken, sonst fallen sie während des Backens aus dem Teig. Nochmals 10 Minuten gehen lassen und den Backofen auf 180 °C Ober-/Unterhitze (160 °C Umluft) vorheizen. Im heißen Ofen (Mitte) **18–20 Minuten** backen.

Aus dem Ofen nehmen, abkühlen lassen und nach Belieben mit Schleifenbändchen und Lollies dekorieren.

Frisch gebacken, schmecken die Stutenkerle am allerbesten!

Oles Tipp

Mit Teigresten könnt ihr den Männchen auch noch Mütze und Schal formen. Falls ihr keine Rosinen mögt, könnt ihr auch kleine Schokotröpfchen verwenden.

Zuckerbrezeln

SOFTES HEFEGEBÄCK

Für 8 Stück

Für den Hefeteig

1 Würfel frische Hefe (42 g)
100 g Zucker
500 g Mehl (Type 550)
2 Pck. Vanillezucker
Salz
90 g Joghurt (3,5 % Fett)
200 ml Milch
90 g weiche Butter
1 EL neutrales Pflanzenöl

Für das Topping

100 g Zucker
2 Pck. Vanillezucker
160 g zerlassene Butter

Zucker-Brezeln sind auch als „Martinsbrezeln" bekannt. Sie sind ein weiches Hefegebäck mit buttrigem Vanillezuckermantel. Sehr lecker!

Hefe mit 1 Prise Zucker in 3 EL lauwarmem Wasser auflösen und **10 Minuten** beiseitestellen. Mehl mit Zucker, Vanillezucker, ½ TL Salz, Joghurt und Milch dazugeben und verkneten, bis sich alles grob verbunden hat. Butter dazugeben und mindestens 5 Minuten zu einem geschmeidigen Teig kneten, bis er sich vom Schüsselrand löst. Je nach Konsistenz noch etwas Mehl oder Milch hinzugeben. Zu einer Kugel formen, in einer Schüssel, mit Öl benetzt und mit Frischhaltefolie abgedeckt, **90 Minuten** an einem warmen Ort gehen lassen.

Den Backofen auf 50 °C vorheizen und ein bis zwei Backbleche mit Backpapier oder Dauerbackfolie auslegen.

Den Teig achteln, zu Kugeln formen und locker abgedeckt **10 Minuten** ruhen lassen. Die Teigkugeln zu ca. 50 cm langen Strängen rollen. Die Mitte bildet den „Bauch" der Brezel und sollte daher dicker sein als die Enden. Die beiden Enden nach oben zusammenführen, zweimal miteinander verdrehen, die gedrehten Teigstränge nach unten klappen und unter den „Bauch" der Brezel legen.

Mit Abstand auf die Backbleche legen und mit Wasser bestreichen, damit sie nicht zu trocken werden. Den Backofen ausschalten und die Brezeln im warmen Ofen ca. **40 Minuten** gehen lassen.

Die Brezeln aus dem Backofen nehmen und den Ofen auf 180 °C Ober-/Unterhitze (160 °C Umluft) vorheizen. Im heißen Ofen (Mitte) **ca. 15 Minuten** goldgelb backen. Nach 12 Minuten die Klopfprobe machen (S. 8). Aus dem Ofen nehmen und ca. **10 Minuten** leicht abkühlen lassen.

Zucker mit Vanillezucker auf einem großen Teller vermischen. Die noch warmen Brezeln mit der flüssigen Butter bestreichen und direkt im Vanillezucker wälzen.

Oles Tipp

Wie fast jedes Hefegebäck schmecken auch diese Zucker-Brezeln frisch am allerbesten. Falls etwas übrig bleiben sollte, bewahrt ihr sie am besten in einem Frischhaltebeutel auf, damit sie nicht so schnell austrocknen.

Zubereitungszeit ★ 60 Minuten

Süße Milchhörnchen

WEICH WIE EINE WOLKE

Für ca. 10–14 Stück, je nach Größe

½ Würfel frische Hefe (oder 1 Pck. Trockenhefe)
1 ½ EL Zucker
100 ml lauwarme Milch
120 g Naturjoghurt (3,5 % Fett)
2 Pck. Vanillezucker
Salz
Abrieb von 1 Bio-Zitrone
500 g Mehl (Type 405)
100 ml neutrales Speiseöl

Außerdem

1 Eigelb (Größe M)
2 EL Milch
Puderzucker zum Bestäuben

Fluffig und weich sind diese leckeren Milchhörnchen. Sie können einfach so gebacken oder mit Füllungen ganz toll abgewandelt werden.

Hefe zusammen mit 1 Prise Zucker in 4 EL lauwarmem Wasser auflösen und **10 Minuten** beiseitestellen. Milch, Joghurt, restlichen Zucker, Vanillezucker, ½ TL Salz und Zitronenschale vermischen. Hefe und Mehl dazugeben und grob verkneten. Öl dazugeben und mindestens 5 Minuten weiterkneten, bis ein geschmeidiger Hefeteig entstanden ist. Je nach Konsistenz noch etwas Mehl oder Wasser hinzugeben. Mit Frischhaltefolie abdecken und **1 Stunde** an einem warmen Ort gehen lassen.

Den Teig in 9–10 gleich große Portionen teilen und Kugeln formen. Dafür jeweils ein Teigstück auf die Arbeitsfläche legen und jeweils mit einer leicht gewölbten Hand und gekrümmten Fingern – wie bei einer Kralle – kreisförmig rollen. So entstehen nach und nach gleichmäßige, glatte Teigkugeln. Die Kugeln locker abdecken und etwa **10 Minuten** ruhen lassen. Jede Teigkugel länglich ausrollen und mit einem Pizzaschneider bis zur Mitte 3–4 Streifen (längs, nicht quer) einschneiden. Ein Backblech mit Backpapier auslegen.

Wenn ihr die Hörnchen füllen möchtet (siehe Tipp), gebt 1 TL der Füllung auf das untere Drittel des Teiges, schlagt den Teig direkt über die Füllung und drückt ihn gut an. Nun von der nicht eingeschnittenen Seite aufrollen, zu einem Hörnchen formen und auf das Backblech setzen. Nochmals zudecken und **30 Minuten** gehen lassen.

Den Backofen auf 180 °C Ober-/Unterhitze (160 °C Umluft) vorheizen.

Eigelb mit Milch verrühren, die Hörnchen damit dünn bestreichen und im heißen Ofen (Mitte) **20–25 Minuten** backen. Sie sollten nicht zu dunkel werden.

Aus dem Ofen nehmen, **30 Minuten** abkühlen lassen und mit Puderzucker bestäuben. Frisch schmecken sie am besten!

Oles Tipp

Diese Hörnchen können auch gefüllt werden. Probiert sie doch mal mit der Spekulatiuscreme oder mit der Weihnachtskonfitüre von Seite 106 aus. Nuss-Nougat-Creme funktioniert auch prima!

Zubereitungszeit ★ 30 Minuten

Wichtelbrot

SCHNELL GEMACHT, GESUND & LECKER

Für 1 Kastenform (25–30 cm Länge)

1 Würfel frische Hefe (oder 2 Pck. Trockenhefe)

500 g Dinkelvollkornmehl

Salz

180 g gemischte Körner und Nusskerne (Kürbiskerne, Leinsamen, Haferflocken, gehackte Cashewkerne, etc.)

1 TL Brotgewürz (nach Belieben)

20 ml Essig

Öl für die Form

Haferflocken & Kerne zum Bestreuen

Dieses köstliche Körnerbrot ist supereinfach und schnell gemacht, vollwertig und schmeckt Groß und Klein!

Eine Kastenform mit Öl einfetten und den Boden mit zugeschnittenem Backpapier auslegen. Wenn die Kastenform nicht beschichtet ist, auch die Seite mit Backpapier auskleiden. 1 TL Haferflocken auf den Boden der Form streuen.

Hefe in 4 EL lauwarmem Wasser auflösen und **10 Minuten** beiseitestellen. Dinkelvollkornmehl mit 2 TL Salz, den Körnen bzw. Nüssen und nach Belieben Brotgewürz vermischen. 450–500 ml lauwarmes Wasser hinzufügen und alles miteinander in einer Küchenmaschine oder mit einem Handrührgerät mit Knethaken zu einem glatten Teig verkneten. Anschließend in die vorbereitete Kastenform füllen, glatt streichen und mit Haferflocken und Kernen bestreuen.

In den nicht vorgeheizten Backofen (Mitte) geben, den Ofen auf 180 °C Ober-/Unterhitze (160 °C Umluft) stellen und **45 Minuten** backen.

Das Brot aus der Form nehmen und auf dem Ofenrost weitere **15 Minuten** backen. Aus dem Ofen nehmen und abkühlen lassen. Frisches, noch warmes Brot, lässt sich nicht so leicht schneiden. Lasst es am besten gut abkühlen, dann geht es viel einfacher.

Oles Tipp

Anstatt der oben genannten Zutaten schmecken auch Sonnenblumenkerne, gehackte Walnüsse und Chiasamen ganz toll in dem Brot.

Frühstückskuchen

SÜSSER START IN DEN TAG

Für 1 Kastenform (25 cm Lämge)

- 200 g Honig
- 100 g brauner Zucker
- 1 Pck. Vanillezucker
- 100 g Sahne
- Butter für die Form
- 3 Eier (Größe M)
- 400 g Mehl (Type 405)
- Salz
- 100 g gemahlene Haselnusskerne
- 2 TL Backpulver
- 2 TL Lebkuchengewürz (S. 12)

Wie kann ein Tag besser starten als mit einem köstlichen Stück Frühstückskuchen mit Butter?!

Honig, Zucker, Vanillezucker und Sahne in einen kleinen Topf geben und unter Rühren so lange kochen, bis der Zucker sich auflöst. Den Sirup abkühlen lassen, bis er nur noch lauwarm ist.

Eine Kastenform mit Butter fetten und den Boden zusätzlich mit einem zugeschnittenen Stück Backpapier auslegen.

Den Backofen auf 180 °C Ober-/Unterhitze (160 °C Umluft) vorheizen.

Eier ca. 4 Minuten schaumig aufschlagen, anschließend langsam unter stetigem Rühren den lauwarmen Sirup zugeben und das Ganze 3 Minuten weiter aufschlagen.

Mehl mit 1 Prise Salz, Haselnüssen, Backpulver und Lebkuchengewürz vermischen und kurz unter die Ei-Sirup-Masse rühren. Den Teig direkt in die vorbereitete Kastenform füllen, glatt streichen und im heißen Ofen (Mitte) **40–50 Minuten** backen. Nach etwa **30 Minuten** die Stäbchenprobe machen (S. 8). Aus dem Ofen nehmen und komplett auskühlen lassen.

Oles Tipp

Ihr könnt den Frühstückkuchen noch mit Puderzucker bestäuben, das macht ihn ein bisschen festlicher. Am besten schmeckt er mit Butter! Mhh...

Zubereitungszeit ★ 30 Minuten

Porridge

WARMES FRÜHSTÜCK FÜR KALTE TAGE

Für 2 Portionen

Für das Porridge

1 Apfel

360–400 ml Milch (alternativ Haferdrink)

2 TL Ahornsirup

1 TL Vanillepaste

1 TL gemahlener Zimt

Salz

6 EL Apfelmus (S. 74)

100 g zarte Haferflocken (bei kernigen braucht ihr evtl. etwas mehr Flüssigkeit)

Für das Topping

gehackte Walnusskerne

Leinsamen

Rosinen (nach Belieben)

In den kalten, ungemütlichen Monaten, in denen man morgens kaum das kuschelige Bett verlassen möchte, zaubert dieser süße Haferbrei mit Äpfeln, Vanille und Zimt garantiert ein Lächeln in müde Gesichter. Und gesund ist er auch noch.

Apfel waschen, entkernen und in kleine Würfelchen schneiden. Ich lasse die Schale immer dran, aber ihr könnt den Apfel natürlich auch schälen, wenn euch das lieber ist.

Milch zusammen mit Ahornsirup, Vanille, Zimt, 1 Prise Salz, Apfelmus und Haferflocken in einen Topf gegeben und unter Rühren zum Kochen bringen.

Bei mittlerer Hitze und ständigem Rühren sollte das Porridge dann **4–5 Minuten** köcheln. Dazu kommen die Apfelstückchen und das Ganze kann vom Herd genommen werden. So sollte das Porridge unter gelegentlichem Rühren noch weitere **5 Minuten** ziehen.

Das Porridge in zwei tiefe Teller oder Müslischalen geben, mit gehackten Walnüssen und Leinsamen oder einem Topping eurer Wahl garnieren und servieren. Ich liebe Walnüsse und ein paar frische Apfelstückchen darauf.

Oles Tipp

Für etwas mehr Weihnachtszauber kannst auch einen Apfel in Scheiben schneiden und Sternchen aus den Scheiben ausstechen.

Zubereitungszeit ★ 60 Minuten

Zimtbrötchen-Kranz

MIT FRUCHTIGEN APFELSTÜCKCHEN

Für 1 Kranz

Für den Hefeteig

1 Würfel frische Hefe (42 g) (alternativ 2 Pck. Trockenhefe)

70 g Zucker

700 g Mehl (Type 405)

200 ml lauwarme Milch

Salz

2 Eier (Größe M)

70 ml neutrales Speiseöl

Für die Apfelfüllung

4–5 säuerliche Äpfel (z. B. Boskoop oder Elstar)

Saft von ½ Zitrone

50 g Butter

100 g Zucker

Abrieb von ½ Bio-Orange

100 g brauner Zucker

2 TL gemahlener Zimt

Für das Topping

2–3 EL Mandelblättchen

100 g Puderzucker

2–3 TL Milch

Dieser festliche Zimtbrötchen-Kranz mit Äpfeln schmeckt nicht nur supergut, sondern erfüllt die ganze Wohnung mit einem wunderbaren Duft. Ein Traum!

Hefe mit etwa 1 TL Zucker in 100 ml lauwarmem Wasser auflösen und **10 Minuten** beiseitestellen. Zunächst ein Drittel des Mehls einarbeiten, dann das restliche Mehl, Zucker, lauwarme Milch, ½ TL Salz, Eier und das Öl hinzugeben und zu einem glatten (leicht klebrigen) Teig verkneten. Mit Frischhaltefolie abdecken, **2 Stunden** an einem warmen Ort gehen lassen.

Äpfel schälen, entkernen, in kleine Würfelchen schneiden und mit etwas Zitronensaft benetzen. In einem Topf bei mittlerer Hitze die Äpfel ca. 5 Minuten in Butter andünsten. Weißen Zucker, restlichen Zitronensaft und Orangenschale zugeben. Die Flüssigkeit verkochen lassen, bis die Füllung etwas andickt, beiseitestellen und abkühlen lassen.

Ein Backblech mit Backpapier oder Dauerbackfolie auslegen.

Ohne ihn zu kneten, den Hefeteig nach der Gehzeit auf einer leicht bemehlten Arbeitsfläche 3–4 mm dick zu einem Rechteck ausrollen, vorsichtig die Apfelfüllung darauf verteilen und einen Rand von 1,5–2 cm lassen. Braunen Zucker mit Zimt vermischen und gleichmäßig darüberstreuen. Den Teig von der schmalen Seite aufrollen und mit einem scharfen Messer längs teilen. Die entstandenen Teigstränge jeweils 4–5 mal drehen, auf dem Backblech zu einem Kranz legen, abdecken und nochmals **30 Minuten** gehen lassen.

Den Backofen auf 180 °C Ober-/Unterhitze (160 °C Umluft) vorheizen und den Kranz im heißen Ofen (Mitte) **20–25 Minuten** backen. Nach 15 Minuten Klopfprobe machen (S. 8).

Für das Topping Mandelblättchen in einer Pfanne ohne Öl goldgelb anrösten, dabei stetig rühren, damit sie nicht anbrennen, und auf einem Teller abkühlen lassen. Puderzucker mit Milch zu einem dicken Guss verrühren, über den lauwarmen Kranz geben, die Mandelblättchen darüberstreuen und den Guss trocken lassen.

Oles Tipp

Geschmacklich und optisch passen Zimtsterne sehr gut zu dem Kranz. Sie können einfach auf den frischen Guss gesetzt werden. Das sieht hübsch aus und schmeckt toll!

Zubereitungszeit ★ 30 Minuten

Heiße Lebkuchen-Schokolade

MIT MARSHMALLOW-SCHNEEMANN

Für 2–3 Tassen

Für die heiße Schokolade

500 ml Milch

2 EL Backkakao

30 g Zartbitter-Schokolade

1 TL Lebkuchengewürz (S. 12)

1 Pck. Vanillezucker

Honig zum Süßen (nach Belieben)

Für die Marshmallow-Schneemänner

6 Salzstangen

9 Marshmallows

dunkle Zuckerschrift

3 Marzipankarotten (diese können auch gerne selbstgeformt werden)

Schaschlickspieße (alternativ Zahnstocher)

Hier wäre man doch gerne der kleine Schneemann … Ein Bad in einer heißen Lebkuchen-Schokolade … Hach ja …

Für die traumhaft duftende Trinkschokolade einfach alle Zutaten in einen kleinen Topf geben, bei niedriger Temperatur erhitzen, bis die Schokolade geschmolzen ist und die heiße Schokolade eine angenehme Trinktemperatur hat. Währenddessen mit einem Schneebesen immer mal wieder rühren.

Salzstangen in ca. 2 cm kleine Stückchen brechen. Sie dienen als Verbindungsglieder der Marshmallows und als Arme und Beine.

Damit sich die Salzstangen, auch ohne zu brechen, in die Marshmallows stecken lassen, die Löcher mit einem Schaschlikspieß vorstechen. Pro Schneemann drei Marshmallows zusammenstecken. In den mittleren Marshmallow seitlich die Ärmchen stecken und in den unteren die Beine. Gesicht und kleine Akzente lassen sich mit Marzipankarotte und dunkler Zuckerschrift setzen.

Oles Tipp

Der Schneemann sollte erst kurz vor dem Servieren in die heiße Schokolade gelegt werden.

Zubereitungszeit ★ 30 Minuten

Weihnachtskonfitüre

Für ca. 5–6 Gläser à 220 ml

280 g Äpfel

750–800 g TK-Beerenmischung

100 ml Apfelsaft

2 Sternanis

2 TL Lebkuchengewürz (S. 12)

2 Pck. Vanillezucker

500 g Gelierzucker (2:1)

Außerdem

5–6 Schraubverschlussgläser à 220 ml

Die Gläser kochend-heiß ausspülen und trocknen lassen. Sie sollten möglichst keimfrei sein, damit die Konfitüre lange haltbar bleibt.

Äpfel schälen, das Kerngehäuse entfernen und in grobe Würfel schneiden. Apfelstücke zusammen mit Beeren, Apfelsaft und Sternanis in einen großen Topf geben und erhitzen, bis die Masse einmal aufkocht. Bei mittlerer Hitze und geschlossenem Deckel **15 Minuten** köcheln lassen. Dabei immer wieder umrühren. Sternanis entfernen. Wenn euch Kernchen oder gröbere Stückchen stören, die Masse pürieren und durch ein feines Sieb streichen.

Lebkuchengewürz und Vanille- sowie Gelierzucker zufügen und unter Rühren aufkochen lassen. Vorsicht, es kann spritzen!

Für die Gelierprobe gebt etwas Konfitüre auf einen kalten Teller. Wartet 2 Minuten und überprüft, ob die Masse noch verläuft. Wenn ihr mit der Konsistenz der Konfitüre zufrieden seid, könnt ihr sie in die vorbereiteten Gläser füllen. Die Deckel mithilfe eines Geschirrtuches oder Topflappens fest verschließen und die Gläser umgekehrt **5–10 Minuten** auf die Deckel stellen. Danach wieder umdrehen und vollständig abkühlen lassen.

Spekulatiuscreme

Für 3 Gläser à 250 ml

400 g Spekulatius (selbstgebacken oder gekauft)

100 g weiche Butter

40 g Zucker

40 g Honig

170 g gezuckerte Kondensmilch

1 TL gemahlener Zimt

Außerdem

3 Schraubverschlussgläser à 250 ml

Die Gläser kochend-heiß ausspülen und trocknen lassen. Sie sollten möglichst keimfrei sein, damit die Creme lange haltbar bleibt.

Spekulatius ganz fein mahlen. Am besten funktioniert das mit einem Standmixer oder Blitzhacker. Die Spekulatiuscreme wird umso cremiger, je feiner die Kekse gemahlen werden. Butter mit Zucker und Honig hell-cremig aufschlagen, die gesüßte Kondensmilch zugeben und die gemahlenen Spekulatius-Kekse mit Zimt unterrühren. Die Creme in die vorbereiteten Gläser füllen.

Wichtig: Die Gläser, so gut es geht, luftdicht verschließen und mindestens **10 Stunden** im Kühlschrank durchziehen lassen. Im Kühlschrank hält sich das Ganze theoretisch bis zu 5 Wochen, praktisch ist alles schon vorher verputzt.

Oles Tipp

Mit einem hübschen Etikett und einer festlichen Schleife dekoriert, sind beide Aufstriche tolle, selbst gemachte Weihnachtsgeschenke!

Oles Tipp

Ihr könnt die Creme auch mit anderen Plätzchen, wie z. B. Vanillekipferln oder Zimtsternen, abwandeln.

Herzhaftes aus der Wichtelbackstube

„Knusper, knusper, knäuschen, es knuspert im Wichtelhäuschen."
In diesem Kapitel warten herzhafte Köstlichkeiten auf dich!

Zubereitungszeit ★ 30 Minuten

Herzhafte Knusper-Bäumchen
AUS BLÄTTERTEIG

Für ca. 20 Stück

1 Pck. Blätterteig (Kühlregal ca. 270–300 g)

80 g Crème fraîche

15–20 g geriebener Parmesan

gemahlener schwarzer Pfeffer

20 Scheiben Bacon

1 Eigelb (Größe M)

1 EL frischer Thymian (alternativ Kerbel oder Petersilie)

20 Schaschlikspieße

1–2 gelbe Paprika

kleine Sternchen-Ausstecher

Diese kleinen Knusper-Bäumchen aus Blätterteig sind ein echter Hingucker auf einem Frühstücksbüffet oder beim Brunch.

Damit die Schaschlikspieße später nicht verbrennen, mindestens **30 Minuten** in kaltem Wasser einweichen. Anschließend abtropfen lassen und leicht trocken tupfen. Den Backofen auf 180 °C Ober-/Unterhitze (160 °C Umluft) vorheizen und ein Backblech mit Backpapier oder Dauerbackfolie auslegen.

Blätterteig entrollen und auf dem Papier liegen lassen. Crème fraîche mit Parmesan und 1 Prise Pfeffer verrühren und auf den ausgerollten Blätterteig streichen. Anschließend den Blätterteig quer in 20 gleich große Streifen schneiden, auf jeden der Streifen eine Scheibe Bacon legen und leicht andrücken. Jeden der Streifen schlangenförmig auf einen Holzspieß stecken. Dabei nach oben immer schmaler werden, sodass der Spieß etwa 1,5–2 cm zu sehen ist. Die Bäumchen mit etwas Abstand auf das vorbereitete Backblech legen. Eigelb mit 2 EL kaltem Wasser verrühren und die Bäumchen dünn damit bestreichen. Im heißen Ofen (Mitte) **13–15 Minuten** backen, aus dem Ofen nehmen und auskühlen lassen.

Währenddessen die Paprika putzen, waschen und mit einem Ausstecher Sternchen aus der Paprika ausstechen und oben auf die Spieße stecken. Den Thymian waschen, trocken schütteln, die Blättchen zupfen und auf den Bäumchen verteilen.

Oles Tipp

Die Bäumchen können auch süß zubereitet werden. Dazu einfach dünn mit sehr weicher Butter einstreichen und mit Zimtzucker bestreuen. Anschließend, wie beschrieben, auf die Spieße setzen. Als Stern passt dann sehr gut Apfel oder eine Kaki-Frucht.

Zubereitungszeit ★ 30 Minuten

Parmesan-Plätzchen

MIT KNACKIGEN KÜRBISKERNEN & SESAM

Für 20–25 Stück

Für den Plätzchenteig

120 g Mehl (Type 405)
Salz
1 TL edelsüßes Paprikapulver
100 g geriebener Parmesan
120 g kalte Butter
1 Eigelb (Größe M)

Außerdem

2 Eigelb (Größe M)
3 EL Kürbiskerne
3 EL geschälter Sesam
4 EL geriebener Parmesan
Ausstecher in beliebiger Form

Parmesan-Plätzchen sind genau das Richtige für alle, die es lieber herzhaft mögen! Sie lassen sich auch prima dippen.

Mehl mit 1 Prise Salz, Paprikapulver und Parmesan vermischen. Butter würfeln und zusammen mit Eigelb und 1–2 EL kaltem Wasser zur Mehlmischung geben und zu einem glatten Mürbeteig verkneten. Nicht zu lange kneten! In Frischhaltefolie wickeln und **1 Stunde** im Kühlschrank ruhen lassen.

Den Backofen auf 180 °C Ober-/ Unterhitze (160 °C Umluft) vorheizen und 1 Backblech mit Backpapier oder Dauerbackfolie auslegen.

Den gekühlten Teig kurz geschmeidig kneten und auf einer leicht bemehlten Arbeitsfläche ca. 3–4 mm dick ausrollen. Anschließend die Plätzchen ausstechen.

Die Plätzchen mit Abstand auf das Backblech legen. Eigelb verrühren, die Plätzchen dünn damit bestreichen und direkt mit Kürbiskernen, Sesam und Parmesan bestreuen. Im heißen Ofen (Mitte) **8–12 Minuten** goldgelb backen, aus dem Ofen nehmen und komplett auskühlen lassen.

In einer Keksdose aufbewahrt, halten sich die Plätzchen 2 Wochen.

Oles Tipp

Gebt doch anstatt des Paprikapulvers getrocknete Kräuter wie Thymian oder Rosmarin in den Plätzchenteig und bestreut sie mit ein wenig grobem Meersalz. Das schmeckt auch supergut!

Zubereitungszeit ★ 80 Minuten

Herzhafte Knallbonbons

LECKERES FINGERFOOD ZUM BRUNCH

Für ca. 25–30 Stück

Für den Teig

500 g Weizenmehl (Type 405)

Salz

1 ½ TL Backpulver

170 g Speisequark (20 % Fett)

100 g Schmand

200 g weiche Butter

Für die Spinat-Feta-Füllung

100 g TK-Spinat (aufgetaut, Flüssigkeit ausgedrückt, gehackt)

1 gehackte Knoblauchzehe

100 g zerkrümelter Feta

80 g Frischkäse (Doppelrahmstufe)

Pfeffer

Für die Lachs-Dill-Füllung

150 g Frischkäse (Doppelrahmstufe)

80–100 g gehackter Räucherlachs

1 Spritzer Zitronensaft

1 TL Abrieb von 1 Bio-Zitrone

1 EL fein gehackter Dill

Salz, Pfeffer

Auch wenn diese Knallbonbons nicht knallen, sind sie eine echte kleine Geschmacksexplosion! Sie lassen sich prima abwandeln und sind ganz einfach gemacht!

Die Menge der Füllungen ist so berechnet, dass eine Füllung ca. 15 Knallbonbons füllen kann. Wenn alle mit derselben Füllung befüllt werden sollen, die Menge verdoppeln.

Die Füllungen sollten als Erstes zubereitet werden. Alle Zutaten gut miteinander verrühren und nach Belieben mit Pfeffer und Salz abschmecken. Anschließend sollten sie bis zur Weiterverarbeitung kaltgestellt werden.

Für den Teig Mehl, 1 TL Salz und Backpulver vermischen. Die Mehlmischung anschließend mit den Knethaken einer Küchenmaschine oder eines Handrührgeräts mit Quark, Schmand und weicher Butter verkneten. Wenn der Teig geschmeidig ist, in 30–34 gleiche Portionen teilen, mit etwas Mehl bestäuben und locker mit Frischhaltefolie abdecken. So sollten die Teigkugeln **10 Minuten** ruhen. Eigelb mit Milch verrühren.

Den Backofen auf 180 °C Ober-/Unterhitze (160 °C Umluft) vorheizen und ein Backblech mit Backpapier oder Dauerbackfolie vorbereiten.

Nach der Ruhezeit die Teigkugeln zu kleinen Rechtecken (13 x 8 cm) ausrollen. Sollte der Teig zu sehr kleben, mit etwas Mehl bestäuben.

weiter geht's auf Seite 116

Für die Tomaten-Mozzarella-Füllung

50 g gehackte, getrocknete, eingelegte Tomaten (Abtropfgewicht)

150 g geriebener Mozzarella

½ TL getrockneter Oregano

1 TL Olivenöl

Pfeffer, Salz

Für die Schinken-Frühlingszwiebel-Füllung

150 g Frischkäse (Doppelrahmstufe)

50 g fein gewürfelter Kochschinken

1 gehackte Frühlingszwiebel

1 Spritzer Zitronensaft

1 EL gehackte Petersilie

Salz, Pfeffer

Außerdem

1 Eigelb (Größe M)

3 EL Milch

Mohn, Sesam zum Bestreuen

1–2 Bund frischer Schnittlauch (mind. 60 Stängel, gewaschen und trocken getupft)

In die Mitte jedes Rechtecks jeweils 1–1 ½ TL Füllung geben und den Teig längs überschlagen und festdrücken. Das Teigröllchen dann an beiden Enden wie ein Bonbon zusammendrücken und mit etwas Abstand auf das Backblech legen.

Für einen schönen Glanz das Eigelb mit der Milch verrühren, die Knallbonbons damit bestreichen und nach Belieben mit Mohn oder Sesam bestreuen. Im heißen Ofen (Mitte) **23–25 Minuten** backen. Sie sollten eine goldbraune Farbe annehmen.

Nach dem Backen sollten die Leckerbissen erst abkühlen, bevor sie jeweils an den Enden mit Schnittlauch zusammengebunden werden.

Zubereitungszeit ★ 30 Minuten

Kräuter-Frischkäse-Plätzchen

MIT NUSSIGEM MÜRBETEIG

Für ca. 20 Stück

Für den Nuss-Mürbeteig

170 g Mehl (Type 405)
100 g gemahlene Haselnusskerne
130 g kalte Butter
2 Eigelb (Größe M)
Salz

Für die Füllung

¼ Bund Petersilie
¼ Bund Schnittlauch
250 g Frischkäse (Doppelrahmstufe)
Pfeffer

Außerdem

Ausstecher in zwei verschiedenen Größen
Spritzbeutel mit 1-cm-Sterntülle

Es muss nicht immer süß sein. Herzhafte Plätzchen sind eine tolle Abwechslung zu süßem Weihnachtsgebäck.

Für den Teig alle Zutaten mit ½ TL Salz in eine Schüssel geben und mit den Händen zu einem glatten Mürbeteig verkneten. Nicht zu lange kneten! In Frischhaltefolie wickeln und **30 Minuten** in den Kühlschrank legen.

Den Backofen auf 180 °C Ober-/Unterhitze (160 °C Umluft) vorheizen und ein Backblech mit Backpapier oder Dauerbackfolie auslegen.

Den Mürbeteig kurz geschmeidig kneten und auf einer leicht bemehlten Arbeitsfläche auf 3–4 mm ausrollen und wie bei den Spitzbuben (S. 32) Sterne oder Kreise ausstechen und bei der Hälfte noch zusätzlich ein kleines Loch in der Mitte ausstechen.

Die ausgestochenen Kekse auf das vorbereitete Backblech setzen und im heißen Ofen (Mitte) **7–10 Minuten** goldgelb backen. Aus dem Ofen nehmen, mit einer Palette oder einemPfannenwender auf ein Kuchengitter legen und komplett auskühlen lassen.

Für die Füllung Petersilie und Schnittlauch waschen, trocken schütteln und fein hacken. Frischkäse mit den Kräutern – etwas Schnittlauch zum Garnieren zurückbehalten – und Pfeffer verrühren. Mit einem kleinen Spritzbeutel die Creme auf die unteren Plätzchen ohne Loch aufspritzen. Darauf kommt jeweils ein Plätzchen mit Loch in der Mitte und wird vorsichtig angedrückt. Den Schnittlauch über die Plätzchen streuen und servieren.

Damit die Plätzchen nicht weich werden, sollte die Creme erst kurz vor dem Servieren darauf gegeben werden.

Oles Tipp

Ihr könnt die Plätzchen auch mit geriebenem Parmesan bestreuen und dann backen. Schmeckt ebenfalls toll!

Zubereitungszeit ★ 60 Minuten

Pesto-Weihnachtsbaum

EIN KNUSPERTRAUM AUS BLÄTTERTEIG

2 Pck. Blätterteig (Kühlregal ca. 270–300 g)
7–8 Kirschtomaten
2–3 Zweige Rosmarin
2 Käsescheiben
Stern-Ausstecher
1 Eigelb (Größe M)

Für das Pesto

2 Bund Basilikum
50 g geriebener Parmesan
50 ml Olivenöl
50 g Pinienkerne
1 Knoblauchzehe
Pfeffer
Salz

Dieser Tannenbaum sieht nicht nur toll aus, er schmeckt auch so!

Für das Pesto alle Zutaten in ein hohes Gefäß geben und pürieren, bis sich alles gut verbunden hat. Mit Pfeffer und Salz abschmecken.

Den Backofen auf 180 °C Ober-/Unterhitze (160 °C Umluft) vorheizen und ein Backblech mit Backpapier oder Dauerbackfolie auslegen.

Eine Lage Blätterteig auf das Backblech legen und gleichmäßig mit dem Pesto bestreichen. Die zweite Lage Blätterteig darauflegen und leicht andrücken. Aus diesen zwei Teiglagen nun ein großes Dreieck schneiden. Aus den Teigresten den Baumstamm zurechtschneiden und ein paar Sterne daraus ausstechen. Einer der Sterne bildet die Spitze des Weihnachtsbaums.

Den Baum 6–8 Mal pro Seite mit einem Teigrädchen oder einem scharfen Messer einschneiden – in der Mitte einen 3–4 cm breiten Streifen lassen, der nicht eingeschnitten wird – und je nach Breite die „Zweige" 1–3 Mal eindrehen. Das Eigelb verrühren und den Baum sowie die Sterne damit bestreichen.

Baum und Sterne im heißen Ofen (Mitte) **20 Minuten** backen. Darauf achten, dass die Sternchen nicht zu dunkel werden, und gegebenenfalls früher aus dem Ofen nehmen.

Nach dem Backen das Ganze abkühlen lassen. Die Kirschtomaten waschen und halbieren. Den Rosmarin waschen und trocken schütteln. Aus dem Käse nach Belieben kleine Sternchen ausstechen. Den Weihnachtsbaum mit Kirschtomaten, Rosmarin und Blätterteig- und Käsesternchen „schmücken".

Oles Tipp

Macht doch gleich die doppelte oder dreifache Menge an Pesto, füllt es in kleine Gläser, verpackt es hübsch und verschenkt es zusammen mit toller Pasta zu Weihnachten.

Zubereitungszeit ★ 60 Minuten

Croissant-Kranz

MIT KÄSE, PAPRIKA UND CHAMPIGNONS

Für einen Kranz

1 rote Paprika
180–200 g Champignons
3 EL Olivenöl
5 Eier (Größe M)
50 g Sahne
Salz
Pfeffer
1 EL Butter
100 g Kochschinken (nach Belieben)
90 g getrocknete, eingelegte Tomaten (Abtropfgewicht)
3 Stängel krause Petersilie
2 Frühlingszwiebeln
90 g geriebener Gouda
500 g Croissant-Teig (Dose, Kühlregal)

Mit diesem Frühstückskranz ist man bei jedem Brunch auf der sicheren Seite. Er lässt sich ohne Probleme auch ohne Fleisch zubereiten und ist ganz einfach gemacht.

Paprika und Champignons putzen, die Paprika waschen, den Strunk entfernen und in Würfel, die Pilze in Scheiben schneiden. Olivenöl in einer großen Pfanne erhitzen, die Pilze dazugeben und auf höchster Stufe anbraten, bis sie leicht braun werden und die Flüssigkeit verdampft ist. Nun Paprikawürfel hinzugeben und 2 Minuten mitbraten. In eine Schüssel geben und leicht abkühlen lassen.

Eier mit der Sahne, etwas Pfeffer und Salz verrühren. In der Pfanne die Butter zerlassen und das Ei unter gelegentlichem Rühren bei mittlerer Hitze anbraten, bis es glänzt und fast gar ist. Dann ebenfalls in die Schüssel zum Gemüse geben.

Den Backofen auf 180 °C Ober-/Unterhitze (160 °C Umluft) vorheizen. Ein Backblech mit Backpapier oder Dauerbackfolie auslegen.

Kochschinken und getrocknete Tomaten würfeln. Petersilie waschen, trocken schütteln und fein hacken. Frühlingszwiebeln waschen, putzen und in feine Ringe schneiden. Schinken, Tomaten, Petersilie und Frühlingszwiebeln zusammen mit zwei Dritteln des geriebenen Käses zu den anderen Zutaten in die Schüssel geben und gut, aber vorsichtig vermischen.

weiter geht's auf Seite 123

Weiter geht's

Außerdem
1 Eigelb (Größe M)
2 EL Sahne
etwas geschälter Sesam
Kirschtomaten
Frühlingszwiebeln

Den Croissant-Teig aus den Packungen lösen und an den Perforierungen in die einzelnen Dreiecke zurechtschneiden. Die Dreiecke (bis auf eins) auf dem Backblech so anordnen, dass sie an den breiten Enden leicht überlappen. Auf diese Weise einen großen Kreis legen, der wie eine Sonne aussieht.

Die vorbereitete Füllung ringsherum auf die breiten Hälften jedes Dreiecks geben. Den übrigen Käse darauf verteilen, die Spitzen über die Füllung schlagen und an dem Teig festdrücken.

Eigelb mit der Sahne verrühren und den Croissant-Teig damit bestreichen. Sesam daraufstreuen und im heißen Ofen (Mitte) **25–30 Minuten** backen. Nach ca. 12 Minuten den Kranz mit einer Lage Alufolie bedecken, damit er nicht zu dunkel wird.

Aus dem übrigen Teig Schneeflocken oder Sterne in verschiedenen Größen für die Dekoration ausstechen. Ebenfalls mit der Ei-Sahne-Mischung bestreichen, mit Sesam bestreuen und im heißen Ofen (Mitte) **8–10 Minuten** separat backen.

Die Kirschtomaten und Frühlingszwiebeln waschen, die Frühlingszwiebeln putzen und nach belieben in feine Ringe schneiden. Den Croissant-Kranz nun nach Belieben mit den Croissant-Sternen, Kirschtomaten und Frühlingszwiebeln dekorieren.

Oles Tipp

Ihr könnt den Kranz anstatt mit Champignons und Paprika auch mit Spinat und Feta und Knoblauch zubereiten. Schmeckt ebenfalls prima!

Register

Zeit für ein riesiges DANKESCHÖN!

Viel Liebe, Gedanken, Mühe und Zeit sind in dieses Backbuch geflossen ...Ohne folgende Personen wäre dies nie zustande gekommen:

- ♥ DANKE an meinen geduldigen Mann und meine beiden kleinen Männer, für alles!
- ♥ DANKE an Mama und Papa, die mich ans Backen und Kochen herangeführt haben.
- ♥ DANKE an meine Schwestern und ihre Familien, die meine Backkreationen fleißig probiert haben.
- ♥ DANKE an meine liebe Lektorin Julia, die mich wieder wunderbar beraten und unterstützt hat.
- ♥ DANKE an die liebe Jasmin, die dieses Buch mit ihren wunderschönen Bildern zum Leben erweckt hat.

Und last but not least:

- ♥ DANKE an meine treuen Abonnent*innen auf YouTube, meine Blog-Leser*innen und Social-Media-Follower*innen.

Weitere leckere Rezepte und Bastelideen findest du regelmäßig auf meinen Food-Blogs und YouTube-Kanälen „amerikanisch-kochen.de“, „KochKino“ & „KrümelPlanet“.

Viel Spaß mit meinen Rezepten 😊

Deine Chrissi

Über die Autorin

Seit 2011 versorgt die Videoproduzentin, Bloggerin und Autorin Christine Kuhlmann ihre Zuschauer und Leser auf ihren drei YouTube-Kanälen und Blogs KrümelPlanet, KochKino und AmerikanischKochen mit leckeren Rezepten und kreativen Bastelprojekten. Gebacken und gekocht hat sie schon als Kind leidenschaftlich gern und hat dabei immer ihren Eltern und ihrer Oma über die Schulter geschaut. Heute ist sie erfolgreiche Videoproduzentin und Food-Bloggerin, ist verheiratet und Mama von zwei kleinen Jungen.

Das Wichtel-Weihnachts-Backbuch ist ihr zweites Backbuch und ist Teil der EMF-Wichtelserie. Dazu passend erscheint das Wichtel-Adventskalender-Buch, in welchem 24 zauberhafte Ideen darauf warten, entdeckt zu werden. Ob kreative Bastelprojekte oder leckere Geschenke aus der Küche: Hier ist garantiert für jeden etwas dabei!

Wichtel Auflösung

Na? Wieviele Wichtel konntet ihr im Buch finden? Es sind 13 Wichtel!

Über die Fotografin

Jasmin Krause ist waschechte Hamburgerin und selbstständige Food-Stylistin und Fotografin. Während ihres Medienstudiums 2012 hat sie sich das Backen und Fotografieren selbst beigebracht und schlussendlich 2020 ihr Hobby zum Beruf gemacht. Heute begeistert sie regelmäßig Naschkatzen aus aller Welt auf ihrem Blog KüchenDeern (www.kuechendeern.de) und teilt dort ihre neuesten Tortenrezepte sowie Einblicke in ihre Küche.

Impressum

Bibliografische Information der Deutschen Bibliothek.

Die Deutsche Bibliothek verzeichnet diese Publikation in der Deutschen Nationalbibliografie.

Detaillierte bibliografische Daten sind im Internet über http://www.dnb.de/ abrufbar.

EIN BUCH DER EDITION MICHAEL FISCHER

1. Auflage 2022

Covergestaltung, Layout und Satz: Zoe Mitterhuber

Projektmanagement und Lektorat: Julia Bögelein

Fotos: Jasmin Krause, Hamburg

Illustrationen: Cover, S. 1, 3, 6, 8, 15, 49, 70,71, 73, 78, 91, 109, 126 (Wichtel + Backutensilien): Pia von Miller; S. 2, 3, 4, 5, 22, 30, 39, 82, 98, 110, 116, 118: Shutterstock/©GoodStudio; S. 2, 8, 92, 126: Shutterstock/©SHIROKUMA DESIGN; S. 11, 12, 18, 38, 54, 63, 76, 79, 81, 84, 86, 88, 94, 99, 101: Shutterstock/©Favebrush; S. 36, 43, 44, 61, 62, 65, 66, 103, 107, 121, 122: Shutterstock/©Krasovski Dmitri; S. 70, 71: Shutterstock/©artnLera; S. 10, 13, 16, 20, 32, 36, 56, 64, 96, 104, 126: Shutterstock/©VectorShow; S. 80: Shutterstock/©Veranika Dzik

ISBN 978-3-7459-1219-7

Gedruckt bei Polygraf Print, Čapajevova 44, 08001 Prešov, Slowakei

www.emf-verlag.de

ISLAND
Tücher

ANDREA BRAUNEIS

ISLAND

Tücher

EMF

EIN BUCH DER
EDITION MICHAEL FISCHER

INHALT

VORWORT

Das Leben ist zu kurz, um langweilige Tücher zu tragen

Als großer Skandinavien-Fan ist es für mich Freude pur, Designs zu entwickeln, die ihren Ursprung dort finden oder landestypisch sind. Die Idee zu diesem Buch ist bei einem der vielen netten Gespräche mit meiner Projektleiterin Isabella Krüger bei dem Fotoshooting zu den Doubleface-Tüchern entstanden und schnell wurde aus der Idee Realität. Die ersten Tücher wurden gezeichnet, berechnet und die vorläufigen Anleitungen geschrieben. Wolle musste ausgesucht werden und hier gab es schon die erste kleine Hürde zu nehmen. Traditioneller Strick aus Island speziell oder aus Skandinavien als Ganzes ist üblicherweise aus der echten isländischen oder nordischen Schafswolle gestrickt. Dies ist natürlich für Tücher, die sogenannten Halsschmeichler, und die empfindliche mitteleuropäische Haut fast undenkbar. Eine gute Mischung musste her – von der isländischen Schafswolle über weiche Garne aus den anderen nordischen Ländern bis hin zu Yak-, Kaschmir- und Mohairgarnen. Eine gelungene Kombination aus diesen traumhaften Garnen in den traditionellen Fair-Isle-Mustern sowie in den beliebten Ährenmustern und den zarten romantischen Lochmustern findet sich hier in 21 Tüchern, Stolen und Schals wieder. Als besonderes Goodie gibt es zu einigen Tüchern noch eine kleine Kurzanleitung zu einem Loop. In diesem spiegelt sich jeweils Wolle oder/und Muster des passenden Tuches wider. Mit neuer Wolle gestartet oder die Reste des Tuches weiterverarbeitet sind diese Loops nette kleine Strickprojekte mit großer Wirkung. Lassen Sie sich verzaubern und tauchen Sie in die Welt der Islandtücher ein.

Ich wünsche Ihnen dabei sehr viel Freude!

Andrea Brauneis

Grundlagen

BEVOR ES LOSGEHT

Hier finden Sie ein paar hilfreiche Tipps, die das Nachstricken erleichtern:

- Lesen Sie zuerst die Anleitung in Ruhe durch und schauen Sie sich die entsprechenden Stricktechniken mit den Erklärungen im Grundlagenteil an.
- Falls Ihnen das Lesen der Strickschrift Probleme bereitet, können Sie eine vergrößerte Kopie davon machen und gleichzeitig darauf Ihre Notizen/ Markierungen vermerken.
- Sie können alle Tücher, die hier mit Steek gestrickt sind, natürlich auch in Reihen stricken. Dazu ignorieren Sie die Angaben zum Steek und stricken wie zuvor in der Anleitung angegeben in Reihen weiter.
- Stricken Sie mit Steek, wählen Sie ein Garn (falls Sie nicht das Originalgarn verwenden), das zu einem hohen Anteil Wolle enthält. Glatte Kunst- und Seidengarne eignen sich nicht zum Steeken.
- Die Steekmaschen werden in den Anleitungen erwähnt, sie fließen jedoch nicht in die Berechnungen mit ein.
- Für das Fair-Isle-Muster evtl. eine halbe bis eine ganze Nadelstärke größer wählen, am besten zum Test ein kleines Probestück stricken.
- Zu fünf Tüchern finden Sie noch jeweils eine Kurzanleitung zu einem Loop (siehe Seite 37, 97, 102, 107 und 120). Sie können hierfür das eventuell übriggebliebene Garn verwenden, aber Sie können natürlich auch mit einem neuen Knäuel starten. Die Muster- und Grundangaben finden Sie immer in der Anleitung des Tuchs. Die Größenangaben sind nur Vorschläge, die Sie natürlich nach Ihrem eigenen Geschmack und/oder Ihrem Garn anpassen können. Hierfür stricken Sie einfach mehr bzw. weniger der angegebenen Musterreihen.

FAIR-ISLE-STRICKEN

Die Geschichte des Fair-Isle-Strickens sowie die vielen Möglichkeiten, die diese tolle Technik bietet, können unmöglich hier kurz zusammengefasst werden. Das würde der Geschichte, der Entwicklung und der Strickart nicht gerecht werden. Ich möchte Ihnen aber zumindest einen kleinen Einblick geben:

Die Fair-Isle-Technik hat ihren Ursprung auf der gleichnamigen Insel Fair Isle. Es ist eine schottische Insel, die zu den Shetlandinseln gehört. Mit knapp 8 Quadratmetern und etwa 55 Einwohnern ist sie wohl die kleinste Insel dieser Gruppe und liegt zwischen Orkney und Shetland. Eine Legende dazu besagt, dass um 1580 ein spanisches Schiff vor der Insel Schiffbruch erlitten hat und die Seeleute, die auf der Insel Zuflucht bekommen haben, als Dank den Inselbewohnern das gleichzeitige Stricken mit vielen bunten Garnen gezeigt haben.

Auf dieser kalten und armen Insel wurde das Stricken mit dieser Technik, die schnell inseltypisch wurde, die einzige Verdienstmöglichkeit vieler Familien, die sich mit dem Verkauf von Strickwaren auf dem Festland über Wasser hielten. Bis heute stricken die Frauen in dieser Technik und es entstehen wahre Kunstwerke.

Mittlerweile haben die Länder, in denen diese Strickkunst gerne verwendet wird, landestypische eigene Muster entwickelt und man erkennt schon sehr oft an den Mustern, welches Land sich hier präsentiert (zum Beispiel der traditionelle Norwegerstern).

TECHNIK

FADENFÜHRUNG

Traditionell werden skandinavische Muster immer mit zwei Farben in einer Reihe/Runde gearbeitet, einige Strickstücke erfordern auch mehrere Farben in einer Reihe/Runde. Die Tücher werden jedoch mit je zwei Farben in den Fair-Isle-Mustern gestrickt.

Es gibt einige Methoden der Fadenführung, ich zeige Ihnen hier den einfachsten, einmal mit Fadenführer, einmal ohne. Unabhängig davon, wie Sie den Faden halten oder mit welcher Methode Sie stricken, sollte die Position der Fäden beim Stricken nicht mehr verändert werden, um ein gleichmäßige Strickbild zu gewährleisten. Probieren Sie am besten an einem kleinen Testprojekt aus, welche Methode Ihnen am besten liegt.

In der Fair-Isle-Technik ist immer ein Garn das beherrschende Garn, man spricht hier auch von einer Garndominanz. Das dominante Garn ist immer das Garn, das bis zur nächsten Masche einen längeren Weg zurücklegen muss, somit ist dies immer der im Hintergrund mitlaufende zweite Musterfaden, den man in der Regel links von der Grundfarbe hält. Hier ist es auch nicht wichtig, welche Fadenhaltung Sie bevorzugen, wichtig ist nur: Musterfarbe immer nach links, so kann sie sich auf der Rückseite unter bzw. über der Hauptfarbe einsortieren und die Fadenspannung wird gleichmäßig.

Fadenhaltung über dem linken Zeigefinger

Beide Fäden über dem linken Zeigefinger nach hinten führen, dabei immer den Musterfaden links von der Grundfarbe führen. Die benötigte Farbe mit der rechten Nadel auffassen, die Masche rechts abstricken und von der Nadel gleiten lassen. Halten Sie die Fingerspitzen nah an den Nadeln, so ist die Fadenspannung leichter zu steuern.

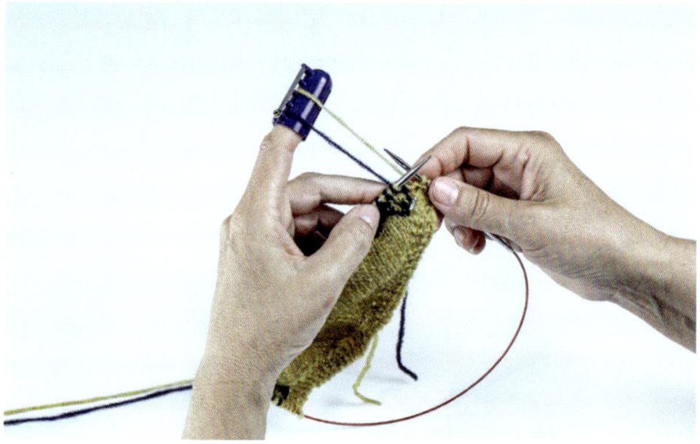

Fadenhaltung mit einem Fadenführer oder Fingerring

Den Musterfaden in den linken Fadenführer des Rings bzw. Fingerhuts, die Grundfarbe in die rechte Fadenführung legen. Auf dem Bild sehen Sie, wie ich den Strickfingerhut halte. Hier hat aber jede(r) Stricker(in) seine/ihre eigene Methode. Stricken Sie die Masche wie bei Abbildung 1 beschrieben ab.

SPANNFÄDEN

Beim Fair-Isle-Stricken wird die zweite Musterfarbe auf der Rückseite als Spannfaden mitgeführt. Damit die vordere Seite schön und glatt wird, sollten die Spannfäden immer unten liegen, die der Grundfarbe darüber. Ein Spannfaden sollte nicht länger als 4 Maschen sein, ein zu langer Spannfaden neigt dazu, straff zu werden und das Gestrick zusammenzuziehen. Schieben Sie während des Strickvorgangs die Maschen auf der rechten Nadel auseinander, so kann sich das mitlaufende Garn von selbst hinter die neuen Maschen legen.

Wechsel von der Grundfarbe zur Musterfarbe

Holen Sie den Faden der Musterfarbe unter dem Faden der Grundfarbe hindurch und stricken Sie die benötigte Maschenzahl.

Wechsel von der Musterfarbe zur Grundfarbe

Holen Sie den Faden der Grundfarbe über dem Faden der Musterfarbe und stricken Sie die benötigte Maschenanzahl. Die Maschen der rechten Nadel ausstreichen, damit der nicht benötigte Musterfaden nicht zu straff wird.

Fadenführung auf der Rückseite

Auf der Rückseite müssen die Spannfäden immer parallel liegen und dürfen nicht miteinander verdreht sein. Um ein gleichmäßiges Maschenbild zu erhalten, muss der Faden der einen Farben immer konsequent über oder unter dem Faden der anderen Farbe verlaufen.

Fäden einweben

Stricken Sie bis zu der Stelle, wo der Faden eingewebt werden soll, und verkreuzen Sie die Fäden auf der Rückseite. Dies ist sinnvoll bei Musterabschnitten über mehrere Maschen, um lange Spannfäden zu vermeiden oder um neue Arbeitsfäden anzusetzen. Hierfür stricken Sie mit beiden Fäden über mindestens 6–8 Maschen und weben den Faden ein, indem Sie ihn abwechselnd unter und über das einzuwebende Fadenstück holen und abstricken. Anschließend können Sie die überstehenden Fäden abschneiden. So entfällt am Ende das lästige Fädenvernähen.

Fäden vernähen

Falls Sie das Einweben der Fäden nicht gern erledigen oder zur Sicherheit das Fadenende noch einmal vernähen möchten, dann lassen Sie jeweils ein ca. 10 cm langes Ende hängen. Vernähen Sie nun dieses Ende, indem Sie zuerst durch ein paar waagerechte Maschen auf der Rückseite der Arbeit stechen, ziehen Sie anschließend den Faden durch etwa 7–8 senkrechte Maschen nach unten und schneiden Sie den Faden dort ab. Hier können Sie die Spannfäden nutzen, um den Vernähfaden zu verstecken.

ZUNAHMEN

1 ZUNAHME (1 ZUN)

Zunahme am rechten Tuchrand

Stricken Sie bis zu der Stelle, wo die Zunahme erfolgen soll. Nun stechen Sie mit der rechten Nadel von hinten in das rechte Maschenglied der Masche unterhalb der nächsten Masche ein und stricken es rechts ab.

Zunahme am linken Tuchrand

Stricken Sie bis zu der Stelle, wo die Zunahme erfolgen soll. Nun stechen Sie mit der linken Nadel von hinten in das linke Maschenglied der Masche unterhalb der zuletzt gestrickten Masche ein, legen es auf die linke Nadel und stricken es rechts ab.

Bei manchen Garnen kann hier ein kleines Loch entstehen. Sollte dies der Fall sein, stricken Sie die Maschen rechts verschränkt ab.

ZUNAHME VOR UND NACH DER MITTELMASCHE (ZUN MITTEL-M)

Stricken Sie bis zur Mittelmasche, stechen Sie mit der rechten Nadel von hinten in das rechte Maschenglied der Masche unterhalb der Mittelmasche ein und stricken dieses rechts verschränkt ab. Stricken Sie die Mittelmasche rechts.

Stechen Sie mit der linken Nadel von hinten in das linke Maschenglied der Masche unterhalb der Mittelmasche ein und stricken Sie dieses rechts verschränkt ab.

Es wurden 2 Maschen zugenommen.

1

2

3

ZUNAHMEN AUS DEM QUERFADEN (1 M VERSCHRÄNKT AUS QF ZUN)

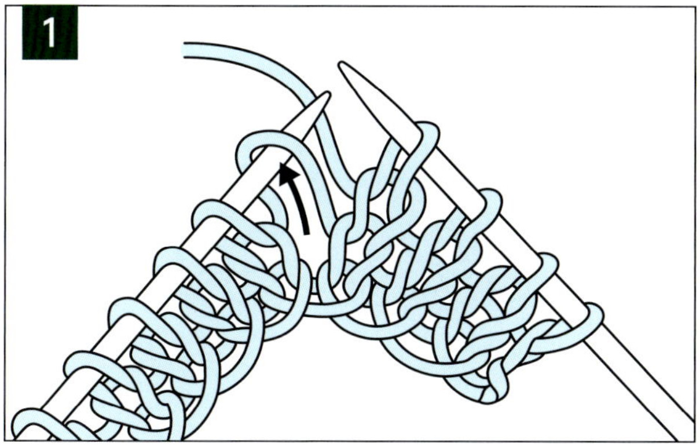

Nehmen Sie mit der linken Nadel den Querfaden vor der nächsten Masche von vorn auf.

(Ohne Abbildung: Ersatzweise können Sie auch den Querfaden vor der nächsten Masche mit der rechten Nadel von hinten aufnehmen – je nachdem, wie Sie lieber arbeiten.)

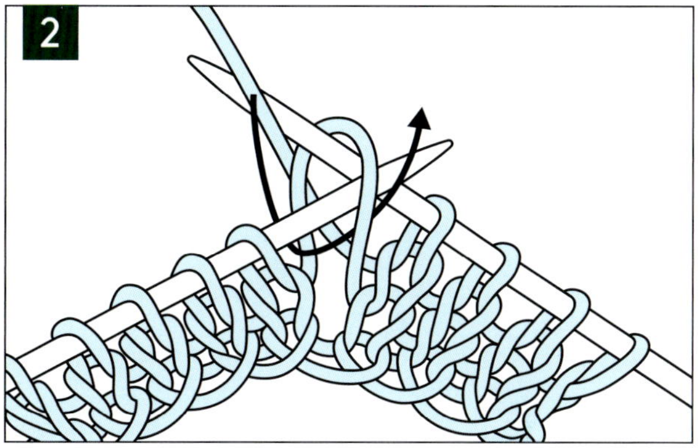

Stricken Sie den Querfaden rechts oder links verschränkt ab (siehe hierzu die Angaben in der entsprechenden Anleitung).

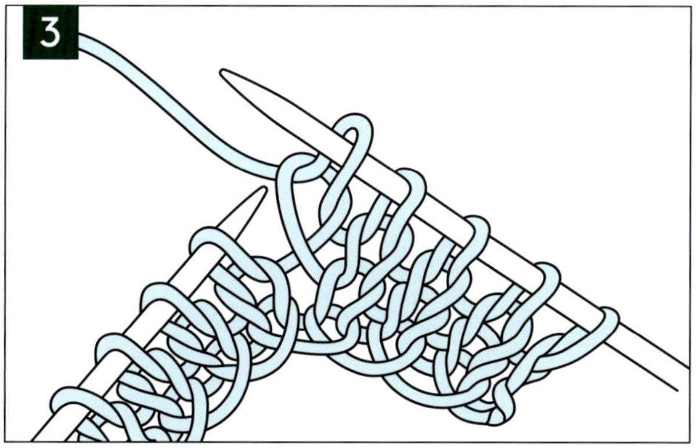

Dies ist die fertige Masche.

ABNAHMEN

2 MASCHEN RECHTS ZUSAMMENSTRICKEN

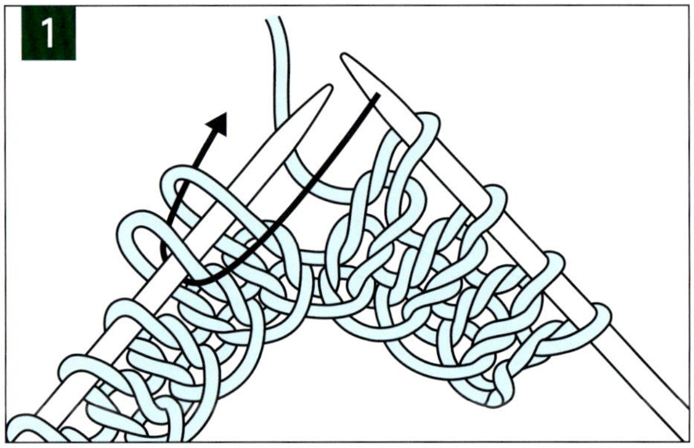

Stechen Sie mit der rechten Nadel von links in die nächsten beiden Maschen der linken Nadel.

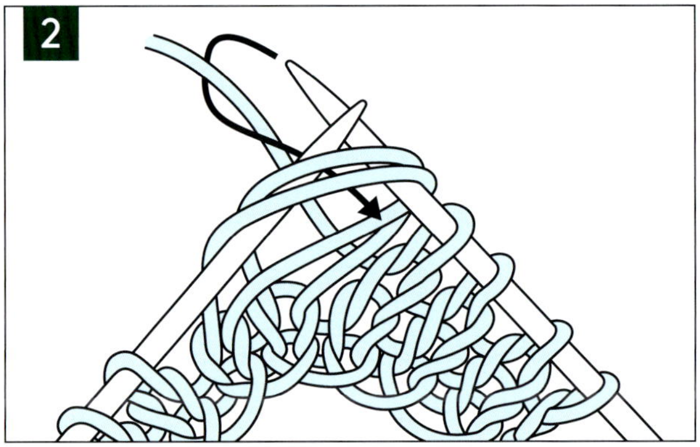

Stricken Sie beide Maschen zusammen rechts ab.

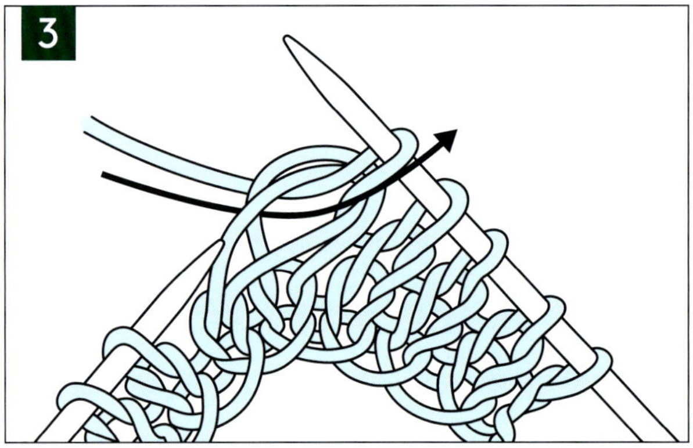

Lassen Sie die beiden Maschen von der linken Nadel gleiten, sie neigen sich nun nach rechts.

2 MASCHEN RECHTS ÜBERZOGEN ZUSAMMENSTRICKEN

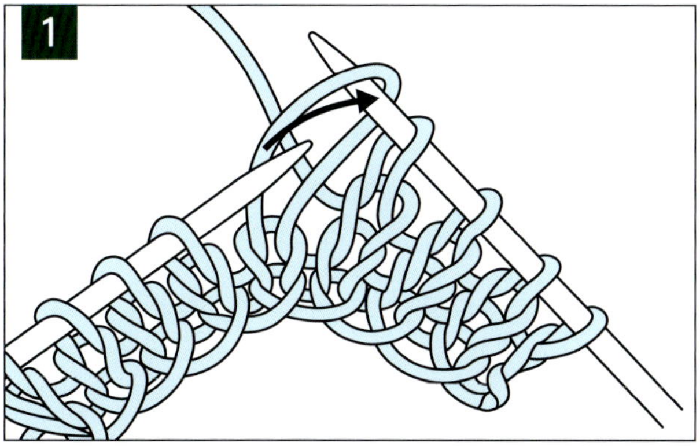

Heben Sie die erste Masche der linken Nadel wie zum Rechtsstricken ab.

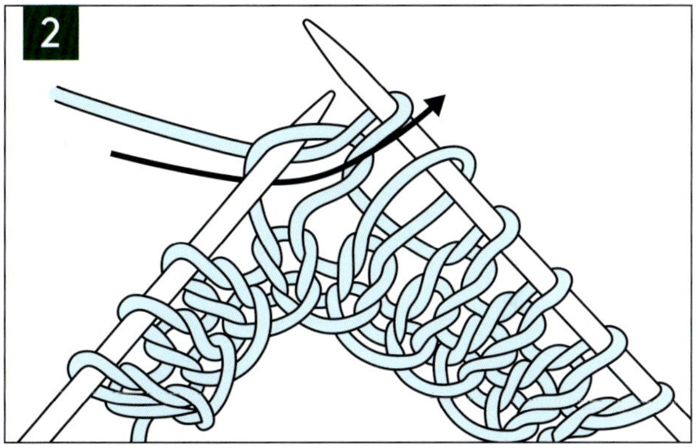

Stricken Sie die nächste Masche rechts.

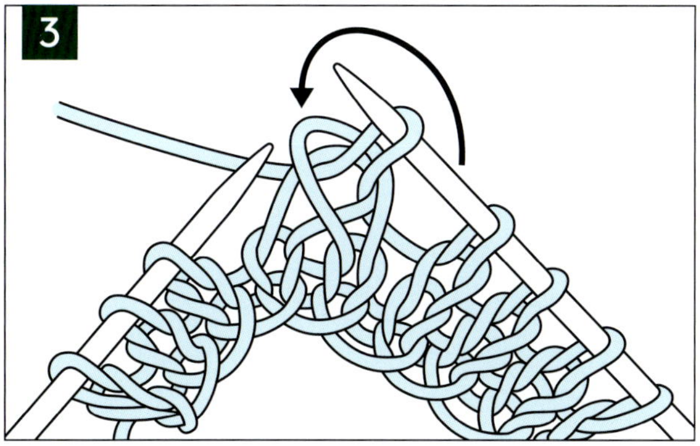

Ziehen Sie nun die abgehobene Masche über die gestrickte Masche.

3 MASCHEN RECHTS ÜBERZOGEN ZUSAMMENSTRICKEN

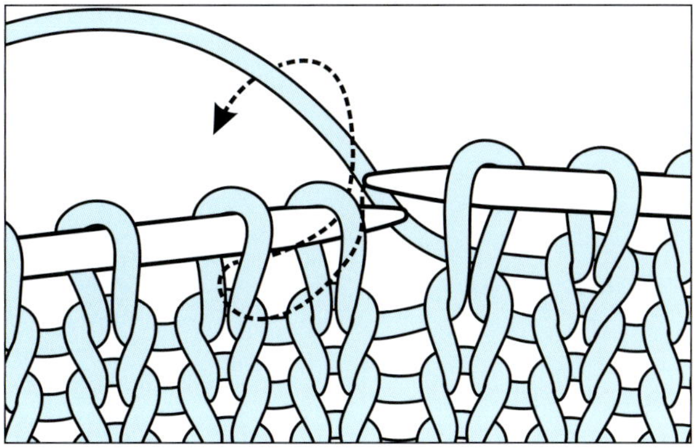

Heben Sie die erste Masche der linken Nadel wie zum Rechtsstricken ab. Stricken Sie nun die nächsten 2 Maschen rechts zusammen und ziehen Sie die abgehobene Masche über die zusammengestrickten Maschen.

DAS STEEKEN

Das Steeken ist eine Stricktechnik, die aus Norwegen stammt. Dort werden in alter Tradition die schönsten Norwegermuster entworfen und gestrickt. Tücher, Cardigans, Decken, Kissen usw. werden dort rundgestrickt, d. h. es werden einige Maschen mehr dort eingestrickt, wo man eine Öffnung braucht. Anschließend werden diese Maschen mit einer Schere durchtrennt.

„Wofür das Ganze?", werden Sie sich jetzt vielleicht fragen, und die Aussicht darauf, mit der scharfen Schere durch das eben mühsam erarbeitete Strickteil zu schneiden, treibt bei Ihnen womöglich Schweißperlen auf die Stirn. Aber ich kann Ihnen aus Erfahrung sagen, dass das Steeken unglaublich viel Spaß macht und Kraft gibt. Denn mit jedem Schnitt werden Sie mutiger und Mut tut gut!

Und Sie werden merken, dass sich Ihr Strickstück auf verblüffende Art und Weise nicht in seine Einzelteile auflöst, sondern sich in seiner ganzen Schönheit entfaltet.

Das Steeken bietet zahlreiche Vorteile, es ist effizienter und einfacher in Runden zu stricken, die lästigen Rückreihen entfallen. Im Fair Isle z. B. eine ganz wunderbare Sache: Sie stricken nur auf der rechten Seite und können somit genau die Farbfolge sehen und die Fadenspannung geht viel leichter von der Hand. Es ist unglaublich entspannend und mit jeder Runde freut man sich mehr darauf, den Steek endlich durchtrennen zu können.

DER STEEK

Auf der Abbildung unten sehen Sie ein Probestück im Fair Isle, verbunden mit einem Steek. Der Steek ist hier die gestreifte Maschensäule zwischen den Randmaschen. Im Fair Isle ist es wichtig, die Steekmaschen immer im Farbwechsel zu stricken, um lange Spannfäden zu vermeiden, die anschließend das Schneiden und das saubere Arbeiten behindern.

DAS SICHERN DES STEEKS

Um zu gewährleisten, dass sich wirklich keine Masche löst, und um Garne zu sichern, die nicht aus 100% Wolle bestehen, ist es unerlässlich, den Steek mit zwei Sicherungsnähten zu versehen.

Für Tücher eignet sich der mit der Maschine oder der von Hand genähte Steek am besten. Man bekommt dadurch eine saubere glatte Naht.

HANDGENÄHTER STEEK

Versehen Sie die Steekmaschen direkt neben der Randmasche mit einem Stepp- oder Rückstich. Sichern Sie die erste und die letzte Masche doppelt, indem Sie den Maschenfuß zweimal umschlingen. Für einen Rückstich stechen Sie nun in die nächste Masche von oben nach unten in die Mitte der Masche zwischen die Fäden ein und führen die Nadel durch die nächste Masche nach oben. Den Faden durchziehen. Jetzt stechen Sie wieder in die vorletzte Ausstichstelle und führen die Nadel durch die zweite Masche von unten hindurch. Den Arbeitsfaden erneut durchziehen. Den Arbeitsvorgang fortlaufend wiederholen, dabei darauf achten, dass alle Maschenfüße erfasst werden.

MASCHINENGENÄHTER STEEK

Setzen Sie eine Zickzacknaht direkt in die 1. Steekmasche neben der Randmasche oder in die Steekmasche, die rechts bzw. links der mittleren Steekmasche liegt (siehe schwarze Pfeile), dies ist Geschmackssache.

Eine saubere und sichere Methode ist es, die Schnittkante mit einer Overlockmaschine zu versäubern. So löst sich garantiert keine Masche und der Rand ist korrekt geschnitten. Dies können Sie jedoch erst tun, wenn der Steek bereits geschnitten wurde. Man sollte sich hier allerdings mit den Eigenschaften dieser Maschine auskennen, denn diese sind sehr schnell und ein Schnitt lässt sich nicht mehr rückgängig machen.

SCHNEIDEN DES STEEKS

Schneiden Sie, nachdem Sie gesichert haben, mit einer spitzen scharfen Schere durch die mittlere Steekmasche. Bei einer Steekbreite von z. B. 9 Maschen lassen Sie je 4 Maschen rechts und links liegen und schneiden mittig durch die 5. Masche.

Anschließend lässt sich der Steek gemäß der Anleitung sauber verarbeiten.

WEITERVERARBEITEN DES STEEKS

Rollrand

Die Steekmaschen eng einrollen und mit kleinen Stichen am Tuch festnähen.

Die Blende

Eine Strickblende gemäß Anleitung stricken, über die Steekmaschen legen und feststecken. Anschließend mit kleinen Stichen am Tuch festnähen.

Umschlag

Die Steekmaschen doppelt nach innen einklappen und mit kleinen Stichen am Tuch festnähen.

MIT EINEM I-CORD ABKETTEN

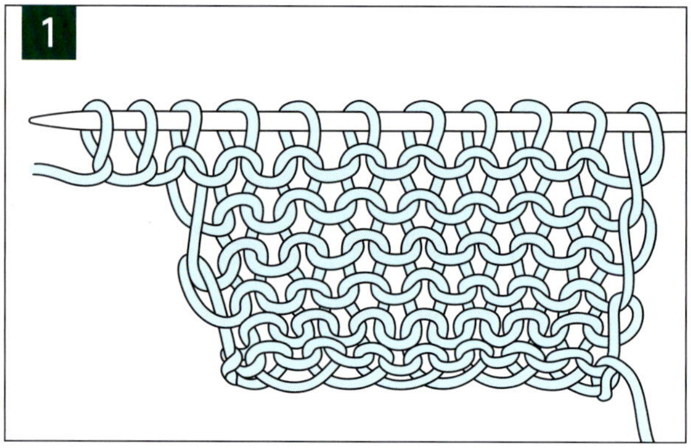

Schlagen Sie entsprechend der Anleitung Maschen neu an, hier z. B. 2 Maschen. Am einfachsten ist dies am Ende der Vorreihe, wenden Sie danach die Arbeit.

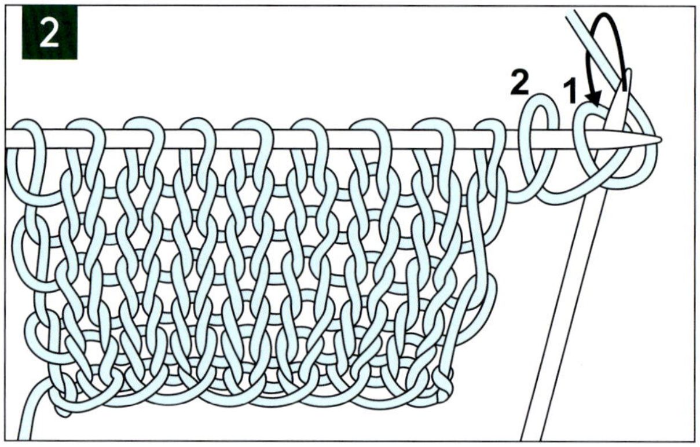

Stricken Sie die neu angeschlagenen Maschen rechts.

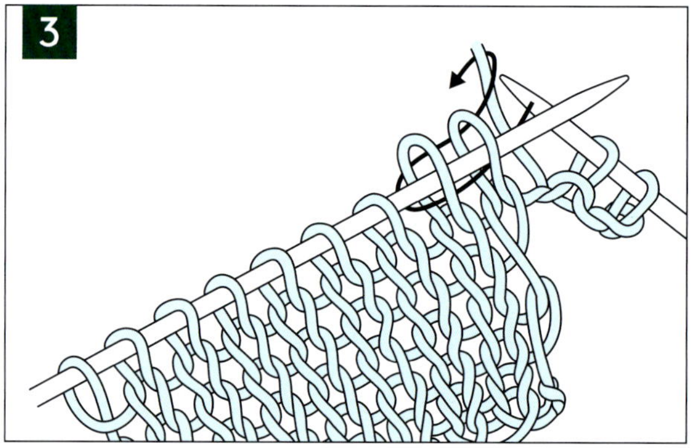

Stricken Sie die nächste Masche der linken Nadel mit der darauffolgenden Masche rechts verschränkt zusammen.

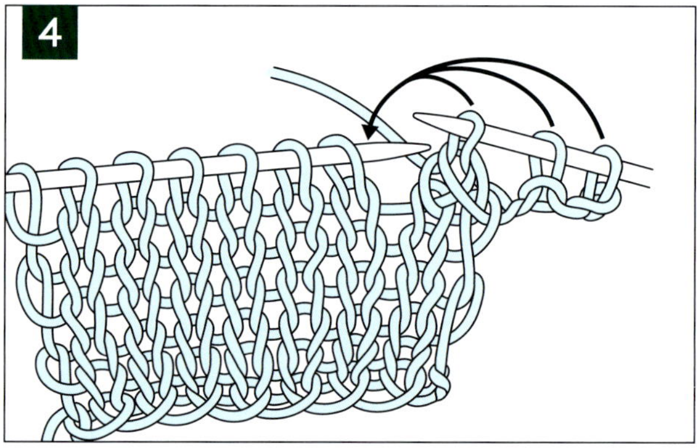

Legen Sie die 3 Maschen der rechten Nadel wieder nach und nach zurück auf die linke Nadel und wiederholen Sie die Arbeitsschritte von Bild 2 bis 4 fortlaufend bis zu den letzten 3 Maschen. Diese stricken Sie rechts zusammen, schneiden den Faden ab und ziehen diesen durch die letzte Masche.

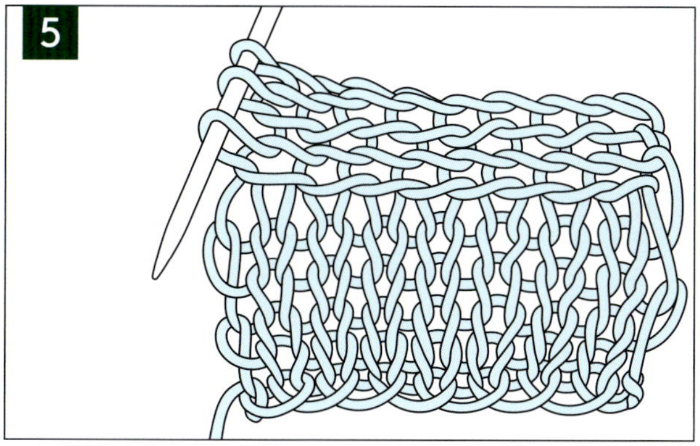

Der fertige I-Cord hat die Optik einer querliegenden Kordel.

LEGENDE ZU DEN STRICKSCHRIFTEN

 = 1 Masche rechts

 = 1 Masche links

 = 1 Masche kraus rechts: In Hin- und Rückreihen 1 Masche rechts stricken

 = 1 Umschlag

 = 2 Maschen rechts zusammenstricken

 = 2 Maschen rechts überzogen zusammenstricken: 1 Masche abheben, 1 Masche rechts stricken, dann die abgehobene Masche über die gestrickte ziehen

 = 3 Maschen rechts zusammenstricken

 = 3 Maschen rechts überzogen zusammenstricken: 1 Masche wie zum Rechtsstricken abheben. Die folgenden 2 Maschen rechts zusammenstricken, dann die abgehobene Masche über die zusammengestrickten Maschen ziehen

 = 3 Maschen zusammenstricken mit oben aufliegender Mittelmasche: Die ersten 2 Maschen zusammen wie zum Rechtsstricken (von links nach rechts) auf die rechte Nadel abheben. Dann auch in die 3. Masche wie zum Rechtsstricken einstechen und alle 3 Maschen rechts zusammenstricken

 = Noppe: Mit der Häkelnadel in das angegebene Maschenglied stechen, eine Schlinge durchziehen, * den Faden um die Häkelnadel legen, erneut in dieselbe Masche einstechen und den Faden durchziehen *, von * bis * noch 2x wiederholen. Den Arbeitsfaden durch alle auf der Häkelnadel liegenden Schlingen ziehen, den Faden noch einmal um die Häkelnadel und durch die einzelne Schlinge ziehen. Nun von hinten in die Masche unterhalb der Noppe einstechen, den Faden holen und durch beide Schlingen ziehen. Die Noppe auf die rechte Stricknadel legen

ABKÜRZUNGEN

abh	=	abheben/Abnahme
abk	=	abketten
anschl	=	anschlagen
Fb	=	Farbe
LL	=	Lauflänge
M	=	Masche(n)
MM	=	Maschenmarkierer
MS	=	Mustersatz/Mustersätze
Nd	=	Nadel(n)
QF	=	Querfaden
R	=	Reihe(n)
Rd	=	Runde(n)
RM	=	Randmasche(n)
StM	=	Steekmasche(n)
str	=	stricken
U	=	Umschlag/Umschläge
überz	=	überzogen
wdh	=	wiederholen
zun/Zun	=	zunehmen/Zunahme
Zun Mittel-M	=	Zunahme vor und nach der Mittelmasche
zusstr	=	zusammenstricken

Projekte

GLENNA
Tuch

GRÖSSE

220 x 50 cm

MATERIAL

- Lang Yarns Carpe Diem (70 % Schurwolle, 30 % Alpaka, LL 90 m/50 g) in Rot (Fb 62), 500 g
- Rundstricknadel 6,0 mm, 80 cm lang
- Schere
- Vernähnadel
- Maschenmarkierer

FARBAUFTEILUNG

Die Stola wird von der kurzen Seite her in R gestrickt.

MUSTER

Randmaschen

Die erste M jeder R wie zum Rechtsstr abh, die letzte M jeder R rechts str.

Kraus rechts

In Hin- und Rück-R alle M rechts str.

Blattmuster

Nach der Strickschrift str. Es sind nur die Hin-R gezeichnet, in den Rück-R die M str, wie sie erscheinen, die U links str. Mit den 7 M vor dem MS beginnen, den MS von 14 M fortlaufend bzw. gemäß Anleitung wdh und mit den 8 M nach dem MS enden. Die 1.–44. R gemäß Anleitung wdh.

MASCHENPROBE

Glatt rechts mit Nd 6,0 mm nach dem Spannen: 16 M und 20 R = 10 x 10 cm

SO GEHT'S:

79 M anschl.

1.–6. R: RM, 77 M kraus rechts, RM.

7.–50. R: Das Blattmuster gemäß der Strickschrift str, die M wie folgt einteilen: RM, 3 M kraus rechts, 1x die 1.–7. M der Strickschrift, 4x den MS von 14 M (8.–21. M), 1x die 22.–29. M der Strickschrift, 3 M kraus rechts, RM.

51.–402. R: Die 7.–50. R insgesamt 8x wdh.

403.–424. R: Das Blattmuster in der angegebenen Einteilung str, jedoch nur die 1.–22. R der Strickschrift str.

425.–430. R: RM, 77 M kraus rechts, RM.

Alle M rechts abk.

FERTIGSTELLEN

Die Fäden sorgfältig vernähen. Die Stola gemäß den Herstellerangaben des Materials waschen, spannen und trocknen lassen.

LEGENDE

= 1 Masche rechts

= 1 Masche links

= 1 Umschlag

= 2 Maschen rechts überzogen zusammenstricken: 1 Masche abheben, 1 Masche rechts stricken, dann die abgehobene Masche über die gestrickte ziehen

= 2 Maschen rechts zusammenstricken

= 3 Maschen zusammenstricken mit oben aufliegender Mittelmasche: Die ersten 2 Maschen zusammen wie zum Rechtsstricken (von links nach rechts) auf die rechte Nadel abheben. Dann auch in die 3. Masche wie zum Rechtstricken einstechen und alle 3 Maschen rechts zusammenstricken

STRICKSCHRIFT

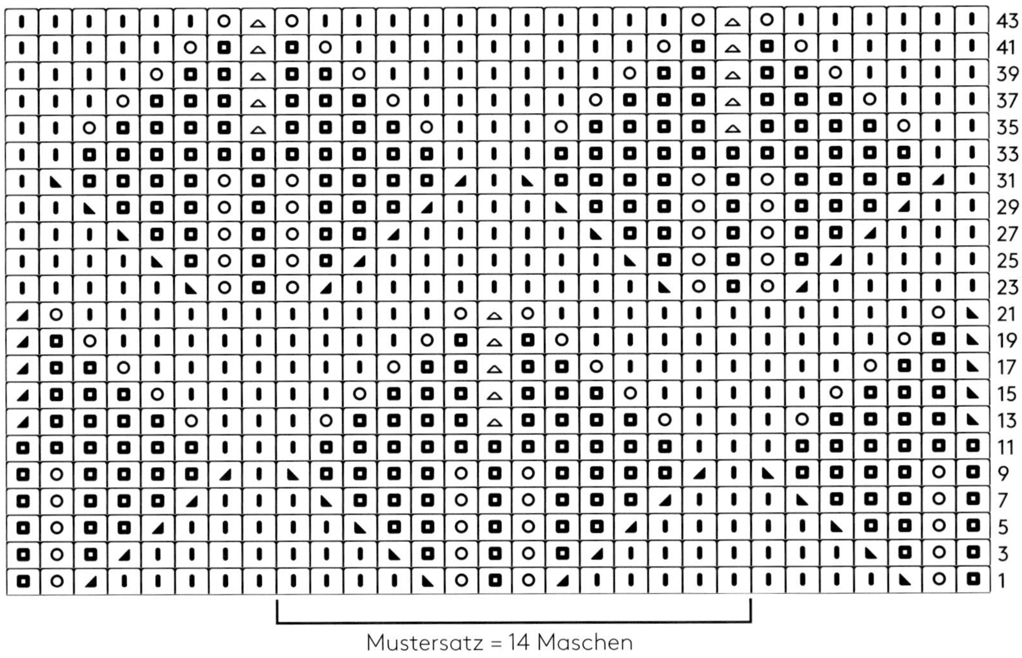

ANOUK
Tuch

GRÖSSE

200 x 80 cm

MATERIAL

- Lang Yarns Mohair Luxe (77 % Mohair, 23 % Seide, LL 175 m/25 g) in Blau (Fb 106), 100 g
- Rundstricknadeln 3,5 mm in verschiedenen Längen
- Maschenmarkierer
- Vernähnadel

FORMGEBUNG

Das Tuch wird von der breitesten Seite hin zur Spitze gestrickt. Geformt wird es durch Zun in jeder Hin-R, am R-Anfang und am R-Ende mit einem U, in der Mitte durch eine spezielle Zun (Zun Mittel-M), dabei wird je 1 M vor und nach der Mittel-M zugenommen (siehe Seite 16 im Grundlagenteil).

Ab der Mittel-M wird das Tuch gegengleich gestrickt.

MUSTER

Randmaschen

Die erste M jeder R wie zum Rechtsstr abh, die letzte M jeder R rechts str.

Ährenmuster

Nach der Strickschrift str. Den MS von 6 M und die 1.–16. R gemäß der Anleitung einteilen und fortlaufend wdh. Es sind nur die Hin-R gezeichnet, in den Rück-R die M str, wie sie erscheinen, die U links str.

MASCHENPROBE

Glatt rechts mit Nd 3,5 mm: 22 M und 36 R = 10 x 10 cm

SO GEHT'S:

3 M anschl.

Eine Rück-R str: 1 M abh, 1 M links, 1 M rechts.

1. R (Hin-R): RM, 1 U, Zun Mittel-M, 1 U, RM (= 7 M).

2. R (Rück-R): RM, den U links abstr, 3 M links, den U links abstr, RM.

3. R: RM, 1 U, 2 M rechts, Zun Mittel-M, 2 M rechts, 1 U, RM (= 11 M).

4. R: RM, den U links abstr, 7 M links, den U links abstr, RM.

5. R: Beginn der Strickschrift, Zeile 1. RM, 1 U, 1 M rechts, 1.–3. M des MS, Zun Mittel-M, 1.–3. M des MS, 1 M rechts, 1 U, RM (= 15 M).

6. R (Rück-R) und alle folgenden Rück-R: Die M str, wie sie erscheinen, die U links str, die RM wie oben beschrieben str.

7. R: Strickschrift Zeile 2. RM, 1 U, 2 M rechts, 1.–3. M des MS, 1 M rechts, Zun Mittel-M, 1 M rechts, 1.–3. M des MS, 2 M rechts, 1 U, RM (= 19 M).

9. R: Strickschrift Zeile 3. RM, 1 U, 4.–6. M des MS, 1.–3. M des MS, 2 M rechts, Zun Mittel-M, 2 M rechts, 1x den MS, 1 U, RM (= 23 M).

11. R: Strickschrift Zeile 4. RM, 1 U, 1 M rechts, 4.–6. M des MS, 1x den MS, Zun Mittel-M, 4.–6. M des MS, 1x den MS, 1 M rechts,1 U, RM (= 27 M).

13. R: Strickschrift Zeile 5. RM, 1 U, 2 M rechts, 4.–6 M des MS, 1x den MS, 1 M rechts, Zun Mittel-M, 1 M rechts, 4.–6. M des MS, 1x den MS, 2 M rechts, 1 U, RM (= 31 M).

15. R: Strickschrift Zeile 6. RM, 1 U, 2x den MS, 2 M rechts, Zun Mittel-M, 2 M rechts, 4.–6. M des MS, 1x den MS, 1.–3. M des MS, 1 U, RM (= 35 M).

17. R: Strickschrift Zeile 7. RM, 1 U, 1 M rechts, 2x den MS, 1.–3. M des MS, Zun Mittel-M, 2x den MS, 1.–3 M des MS, 1 U, 1 M rechts, RM (= 39 M).

19. R: Strickschrift Zeile 8. RM, 1 U, 2 M rechts, 2x den MS, 1.–3. M des MS, 1 M rechts, Zun Mittel-M, 1 M rechts, 2x den MS, 1.–3. M des MS, 2 M rechts, 1 U, RM (= 43 M).

21.–180. R: Die 1.–16. R der Strickschrift 10x wdh. Dabei die Zunahmen mustergemäß einfügen: Am R-Anfang und nach der Mittel-M wird die Strickschrift von links nach rechts, vor der Mittel-M und am R-Ende von rechts nach links gelesen (= 363 M).

181.–196. R: 1x die 1.–8. R der Strickschrift str (= 379 M).

Alle M elastisch abk: Die ersten 2 M rechts str, diese 2 M wieder auf die linke Nd heben und rechts verschränkt zusstr. * 1 M rechts str, die 2 M der rechten Nd wieder auf die linke Nd heben und rechts verschränkt zusstr *. Von * bis * wdh, bis alle M abgekettet sind.

FERTIGSTELLEN

Die Fäden sorgfältig vernähen. Das Tuch spannen und unter feuchten Tüchern trocknen lassen.

LEGENDE

 = 1 Masche rechts

 = 1 Umschlag

 = 3 Maschen rechts überzogen zusammenstricken: 1 Masche wie zum Rechtsstricken abheben. Die folgenden 2 Maschen rechts zusammenstricken, dann die abgehobene Masche über die gestrickte Masche ziehen

STRICKSCHRIFT

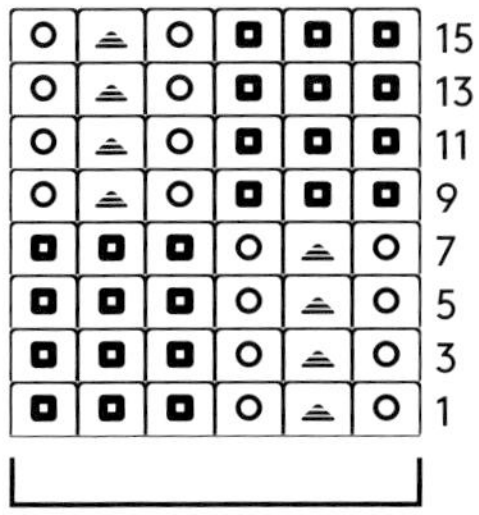

Mustersatz = 6 Maschen

LOOP ANOUK

MATERIAL

Siehe Angaben Tuch: Blau (Fb 106), Smaragd (Fb 74), Mint (Fb 158), je 50 g, Rundstricknadel 7,0 mm, 60 cm lang.

Der Loop wird zweifädig in Rd gestrickt, die Knäuel eventuell halbieren.

GRÖSSE

60 cm Umfang, ca. 38 cm lang

MASCHENPROBE

Kraus rechts zweifädig: 10 M und 20 R = 10 x 10 cm

SO GEHT'S:

Zweifädig 82 M in Blau anschl, die Arbeit zur Rd schließen und kraus rechts str:

1. Rd: Alle M links str.

2. Rd: Alle M rechts str.

Diese 2 Rd in folgender Farbfolge wdh:

48 Rd in Blau, * 2 Rd in Smaragd, 2 Rd in Blau *, von * bis * 3 x str, 20 Rd in Smaragd.

Anschließend alle M rechts abk und die Fäden vernähen.

MEDIA
Tuch

GRÖSSE

180 x 98 cm

MATERIAL

- Isager Alpaca 2 (50 % Alpaca, 50 % Wolle, LL 250 m/50 g) in Kieselgrün (Fb 46), 150 g, in Blau (Fb 47) und Weiß (Fb 0 ECO), je 50 g
- Rundstricknadeln 3,0 mm in verschiedenen Längen
- Schere
- Vernähnadel
- Maschenmarkierer

FORMGEBUNG

Das Tuch wird von der breitesten Seite hin zur Spitze gestrickt. Geformt wird es durch Zun in jeder Hin-R, am R-Anfang und -Ende mit je 1 Zun, sowie in der Mitte durch eine spezielle Zun (Zun Mittel-M), dabei wird je 1 M vor und nach der Mittel-M zugenommen (für die Zun siehe Seite 15 und 16 im Grundlagenteil).

Ab der Mittel-M wird das Tuch gegengleich gestrickt.

MUSTER

Grundmuster – glatt rechts

In Hin-R alle M rechts str, in Rück-R alle M links str. In Rd alle M rechts str.

I-Cord-Rand

Die ersten 3 M der R abh, den Faden etwas anziehen, die nächste M gemäß dem Muster str. Die letzten 3 M der R in jeder Hin-R rechts, in jeder Rück-R links str.

Fair-Isle-Muster

Nach Strickschrift 1 str. Es ist je ein MS mit allen Rd gezeichnet. Den MS von 9 M und die 1.–42. Rd gemäß Anleitung wdh. Die Zun werden hier in das Muster eingepasst, die Mittel-M wird in Kieselgrün gestrickt.

HINWEIS: Der Fair-Isle-Streifen wird mit einem Steek in Rd gestrickt, die Zun erfolgen hier in jeder 2. Rd.

Ajour-Blütenmuster

Nach Strickschrift 2 str. Es sind alle R gezeichnet. Den MS von 14 M und die 1.–24. R gemäß Anleitung wdh. Die Zun werden in das Muster eingepasst.

MASCHENPROBE

Glatt rechts mit Nd 3,0 mm nach dem Spannen:
22 M und 34 R = 10 x 10 cm

SO GEHT'S:

7 M in Kieselgrün anschl.

1. R (Hin-R): 3 M abh, Faden etwas anziehen (I-Cord), 1 U, 1 M rechts, 1 U, 3 M rechts (= 9 M).

2. R (Rück-R): 3 M abh, Faden etwas anziehen (I-Cord), den U links verschränkt abstr, 1 M links, den U links verschränkt abstr, 3 M links.

3. R: 3 M abh, 1 Zun, 1 M rechts, Zun Mittel-M, 1 M rechts, 1 Zun, 3 M rechts (= 13 M).

4. R: 3 M abh, 7 M links, 3 M links (= 13 M).

5.–178. R: Die 3.und 4. R 87x wdh (= 361 M).

179. R: Im Fair-Isle-Muster nach Strickschrift 1 str: 3 M in Kieselgrün, 1 Zun, 19x den MS von 9 M, 1x 1.–6. M des MS, Zun Mittel-M, 1x die 6.–1. M des MS, 19x den MS von 9 M, 1 Zun, 3 M in Kieselgrün, 5 StM mit dem einfachen M-Anschlag und beiden Fäden anschl und die Arbeit zur Rd schließen (= 365 M + 5 StM).

Die StM in den Folge-Rd im Wechsel str: * 1 M in Blau bzw. Weiß, 1 M in Kieselgrün *, von * bis * 2x str, 1 M in Blau.

180.–220. Rd: Das Muster von Strickschrift 1 weiterführen, die Zun erfolgen in jeder 2. Rd. und werden in das Muster eingefügt. Die Strickschrift wird hier zu R-Beginn und nach der Mittel-M von links nach rechts, vor der Mittel-M und zu R-Ende von rechts nach links gelesen (= 445 M + 5 StM).

In der letzten Rd die 5 StM abk und nun wieder in R str.

HINWEIS: Die Zun erfolgen in jeder 2. R, also in jeder Hin-R.

221.–230. R: Alle M glatt rechts in Weiß (= 465 M).

231.–254. R: Im Ajour-Blütenmuster nach Strickschrift 2 die 1.–24. R 1x str: 3 M abh, 1 Zun, 16x den MS von 14 M, 1x die 1.–5. M des MS, Zun Mittel-M, 1x die 5.–1. M des MS, 14x den MS von 14 M, 1 Zun, 3 M rechts (= 513 M).

255.–258. R: Alle M glatt rechts in Kieselgrün, die Zun wie zuvor weiterführen (= 513 M).

Anschließend alle M mit einem I-Cord in Kieselgrün abk (siehe Seite 24 im Grundlagenteil).

FERTIGSTELLEN

Die StM sichern und durchtrennen (siehe Seite 21 und 22 im Grundlagenteil). Anschließend den Rand eng nach innen einrollen und mit kleinen Stichen festnähen. Der Steek fügt sich so in den seitlichen I-Cord-Rand ein.

Die Fäden sorgfältig vernähen. Das Tuch gemäß den Herstellerangaben des Garns waschen, spannen und unter feuchten Tüchern trocknen lassen.

LEGENDE

 = 1 Masche rechts

 = 1 Umschlag

 = 2 Maschen rechts überzogen zusammenstricken: 1 Masche abheben, 1 Masche rechts stricken, dann die abgehobene Masche über die gestrickte ziehen

 = 2 Maschen rechts zusammenstricken

 = 3 Maschen rechts überzogen zusammenstricken: 1 Masche wie zum Rechtsstricken abheben. Die folgenden 2 Maschen rechts zusammenstricken, dann die abgehobene Masche über die gestrickte Masche ziehen

STRICKSCHRIFT 1

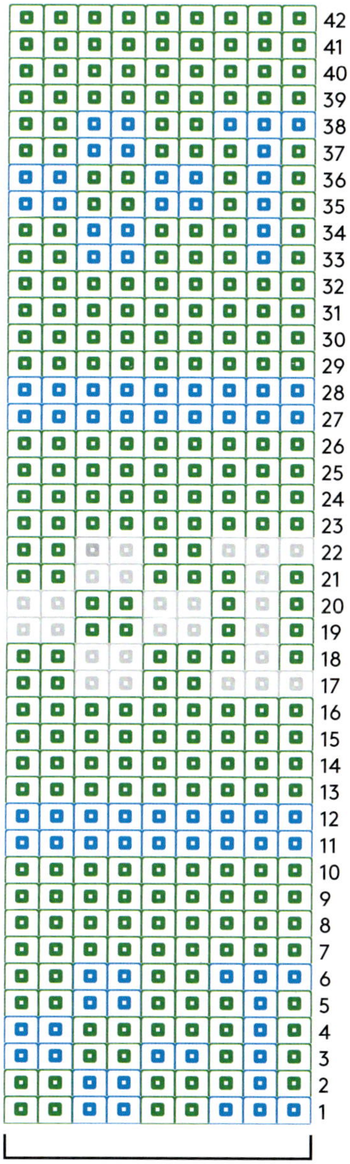

Mustersatz = 9 Maschen

STRICKSCHRIFT 2

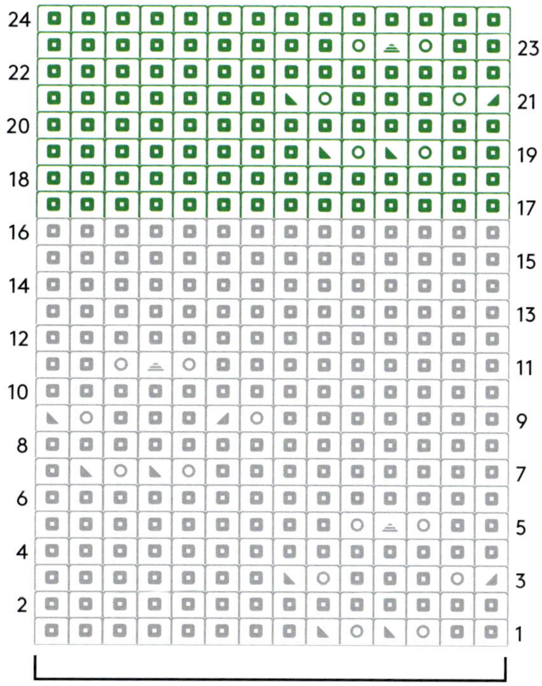

Mustersatz = 14 Maschen

HINWEIS: Die Farben gemäß Anleitung stricken.

KEELIN TUCH

SLAVA LOOP

LOOP REYKJA

ISLA TUCH

MAYA TUCH

CLIVIA
Tuch

◆◆◆

GRÖSSE

196 x 92 cm

MATERIAL

- Lopi Lettlopi (100 % Wolle, LL 100 m/50 g) in Dunkelgrau (Fb 57), 300 g, in Weiß (Fb 51), 100 g, und in Azalee (Fb 1705), 50 g
- Rundstricknadeln 4,5 mm in verschiedenen Längen
- Schere
- Vernähnadel
- Maschenmarkierer

FORMGEBUNG

Das Tuch wird von der breitesten Seite hin zur Spitze gestrickt. Geformt wird es durch Zun in jeder Hin-R, am R-Anfang und -Ende mit je 1 Zun, sowie in der Mitte durch eine spezielle Zun (Zun Mittel-M), dabei wird je 1 M vor und nach der Mittel-M zugenommen (für die Zun siehe Seite 15 und 16 im Grundlagenteil).

Ab der Mittel-M wird das Tuch gegengleich gestrickt.

MUSTER

Grundmuster – glatt rechts

In Hin-R alle M rechts str, in Rück-R alle M links str. In Rd alle M rechts str.

Kraus rechts

In Hin- und Rück-R alle M rechts str. 1 Rd rechte M, 1 Rd linke M im Wechsel str.

I-Cord-Rand

Die ersten 3 M der R abh, den Faden etwas anziehen, die nächste M gemäß dem Muster str. Die letzten 3 M einer R mustergemäß str.

Fair-Isle-Muster

Nach Strickschrift 1 und 2 str. Es sind jeweils alle Rd gezeichnet. Es ist je ein MS gezeichnet. Den MS gemäß Anleitung in der Breite und in der Höhe wdh. Der Fair-Isle-Streifen wird mit einem Steek in Rd gestrickt, die Zun erfolgen hier in jeder 2. Rd und werden in das Muster eingefügt, d. h., am Rd-Anfang und nach der Mittel-M wird die Strickschrift von links nach rechts, vor der Mittel-M und vor dem Rd-Ende von rechts nach links gelesen.

Steekmaschen: Die StM glatt rechts wie folgt str: * 1 M in Weiß bzw. in Azalee, 1 M in Dunkelgrau *, von * bis * 2x str, 1 M in Weiß bzw. in Azalee.

Kreuzstich

Stechen Sie von der Rückseite des Tuches in das linke untere Loch, das direkt neben der M liegt, die bestickt werden soll. Führen Sie den Faden diagonal nach rechts oben und stechen Sie durch das rechte obere Loch, das direkt neben der M liegt, und ziehen Sie den Faden auf die Rückseite. Nun stechen Sie von der Rückseite aus in das rechte untere Loch und führen den Faden diagonal nach links oben und stechen dort in das linke Loch, das direkt neben der M liegt. Fixieren Sie den Faden auf der Rückseite mit dem Finger, so wird der Kreuzstich gleichmäßig. Vernähen Sie die Fäden auf der Rückseite.

MASCHENPROBE

Glatt rechts mit Nd 4,5 mm nach dem Spannen:
14 M und 22 R = 10 x 10 cm

SO GEHT'S:

5 M mit Dunkelgrau anschl.

1. R (Hin-R): 2 M abh, 1 U, 1 M rechts, 1 U, 2 M rechts (= 7 M).

2. R (Rück-R): 2 M abh, den U links verschränkt abstr, 1 M links, den U links verschränkt abstr, 2 M links.

3. R: 3 M abh (I-Cord-Rand), 1 U, 1 M rechts, 1 U, 3 M rechts (I-Cord-Rand), (= 9 M).

4. R: 3 M abh, den U links verschränkt abstr, 1 M links, den U links verschränkt abstr, 3 M links.

5. R: 3 M abh, 1 Zun, 1 M rechts, Zun Mittel-M, 1 M rechts, 1 Zun, 3 M rechts (= 13 M).

6. R: 3 M abh, 7 M links, 3 M links.

7.-126. R: Wie die 5. und 6. R str (= 253 M). In der letzten R zusätzlich 5 StM anschl und die Arbeit zur Rd schließen.

FAIR-ISLE-MUSTER

HINWEIS: Die Mittel-M wird im Fair-Isle-Muster in Dunkelgrau gestrickt, in den Uni-Rd entsprechend der jeweiligen Farbe. Die 3 M des I-Cord-Randes werden hier als rechte M gestrickt. Die Zun werden in jeder 2. Rd gestrickt.

Strickschrift 1:

127.–136. Rd: 3 M rechts in Dunkelgrau, 1 Zun in Dunkelgrau, 30 x den MS von 4 M, 1 x die 1.–3. M des MS, Zun Mittel-M, 1 x die 2.–4. M des MS, 30 x den MS von 4 M, 1 Zun in Dunkelgrau, 3 M rechts in Dunkelgrau (= 273 M).

Strickschrift 2:

137.–160. Rd: 3 M rechts in Dunkelgrau, 1 Zun in Weiß, 5 x den MS von 24 M, 1 x die 1.–13 M des MS, Zun Mittel-M, 1 x die 24.–12. M des MS, 5 x den MS von 24 M, 1 Zun in Weiß, 3 M rechts in Dunkelgrau, 5 StM. In der letzten Rd die StM abk und wieder in R str (= 321 M).

161.–168. Rd: 3 M abh, 1 Zun, 157 M kraus rechts, Zun Mittel-M, 157 M kraus rechts, 1 Zun, 3 M rechts (= 337 M).

Anschließend alle M elastisch abk: Die ersten 3 M rechts zusstr, die nächste M rechts str, diese beiden M wieder auf die linke Nd heben und rechts verschränkt zusstr. * Die nächste M rechts str, beide M der rechten Nd wieder auf die linke Nd heben und rechts verschränkt zusstr *. Von * bis * fortlaufend wdh bis zu den letzten 3 M. Die letzten 3 M rechts zusstr, die beiden verbleibenden M auf die linke Nd heben und rechts verschränkt zusstr.

FERTIGSTELLEN

Die StM sichern und durchtrennen (siehe Seite 21 und 22 im Grundlagenteil). Anschließend den Rand eng nach innen einrollen und mit kleinen Stichen festnähen. Der Steek fügt sich so in den seitlichen I-Cord-Rand ein.

In jeden Blütenstempel der Eisblumen mit Azalee einen Kreuzstich setzen.

Die Fäden sorgfältig vernähen. Das Tuch gemäß den Herstellerangaben des Garns waschen, spannen und unter feuchten Tüchern trocknen lassen.

LEGENDE

▣ = 1 Masche rechts

STRICKSCHRIFT 1

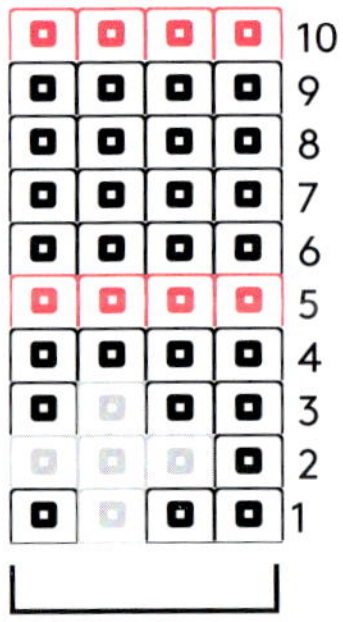

Mustersatz = 4 Maschen

STRICKSCHRIFT 2

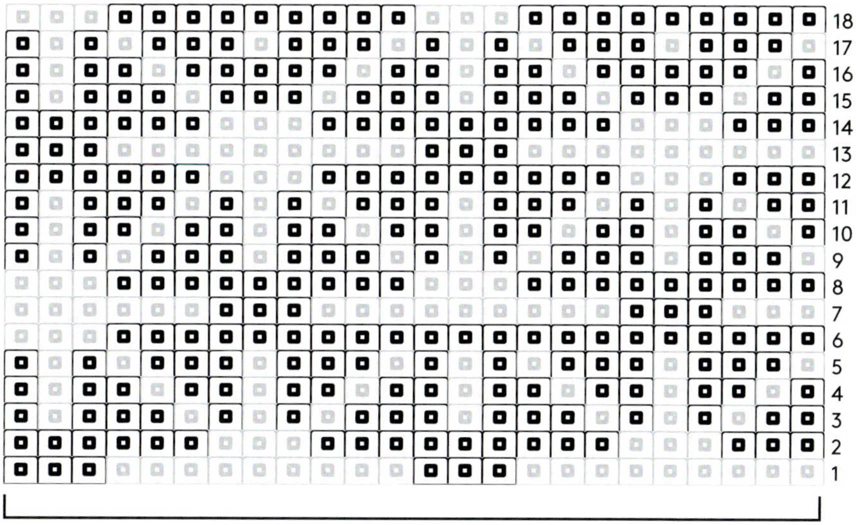

Mustersatz = 24 Maschen

JOLANTE

Tuch

GRÖSSE

160 x 64 cm

MATERIAL

- Lopi Lettlopi (100 % Wolle, LL 100 m/50 g) in Weiß (Fb 51), 500 g, und in Azalee (Fb 1705), 200 g
- Rundstricknadel 5,0 mm, 80 cm lang
- Schere
- Vernähnadel
- Maschenmarkierer

FORMGEBUNG

Die Stola wird in Rd mit einem Steek gestrickt.

MUSTER

Randmaschen

Die erste M jeder R wie zum Rechtsstr abh, die letzte M jeder R rechts str.

Kraus rechts

In Hin- und Rück-R alle M rechts str. In Rd 1 Rd rechte M, 1 Rd linke M im Wechsel str.

Grundmuster – glatt rechts

In Hin-R alle M rechts str, in Rück-R alle M links str. In Rd alle M rechts str.

Fair-Isle-Muster

Nach der Strickschrift str. Es sind alle Rd gezeichnet. Den MS von 18 M gemäß Anleitung wdh, die 1.–36. Rd 1x str, dann noch 1x die 1.–17. Rd wdh.

Steekmaschen: Die StM glatt rechts str. In den Fair-Isle-Rd 1 M in Azalee, 1 M in Weiß im Wechsel str, in den Uni-Rd in der jeweiligen Fb.

MASCHENPROBE

Glatt rechts mit Nd 5,0 mm: 18 M und 24 R = 10 x 10 cm

SO GEHT'S:

114 M in Weiß anschl.

1.–6. R: RM, 112 M kraus rechts, RM. In der letzten R zusätzlich 11 StM anschl, die Arbeit zur Rd schließen.

FAIR-ISLE-MUSTER

HINWEIS: Es wird nach der Strickschrift gearbeitet, die ersten und die letzten 3 M nach bzw. vor den StM werden immer kraus rechts in Weiß gestrickt.

7.–59. Rd: 3 M kraus rechts, 6x den MS von 18 M, 3 M kraus rechts, 11 StM wie folgt str: * 1 M in Azalee, 1 M in Weiß *, von * bis * 5x str, 1 M in Azalee. (Es wird 1x die 1.–36. Rd, 1x 1.–17. Rd gestrickt).

60.–64. Rd in Weiß: 3 M kraus rechts, 108 M glatt rechts, 3 M kraus rechts, 11 StM glatt rechts.

65.–66. Rd: 3 M kraus rechts, * 1 M in Azalee, 1 M in Weiß *, von * bis * 36x str, 3 M kraus rechts, StM im Farbwechsel str (Faden in Azalee nicht abschneiden, locker hinter der Arbeit weiterführen).

67.–70. Rd in Weiß: 3 M kraus rechts, 108 M glatt rechts, 3 M kraus rechts, 11 StM.

71. und 72. Rd: RM kraus rechts, * 2 M in Weiß, 1 M in Azalee*, von * bis * 36x str, 3 M kraus rechts, StM im Farbwechsel str (Faden in Azalee nicht abschneiden, locker hinter der Arbeit weiterführen).

73.–76. Rd in Weiß: 3 M kraus rechts, 108 M glatt rechts, 3 M kraus rechts, 11 StM.

77.–244. Rd: Die 65.–76. Rd 14x wdh.

245. und 246. Rd: Wie die 65. und 66. Rd. str.

247.–251. Rd: Wie die 60.–64. Rd str.

252.–304. Rd: Wie die 65.–76. Rd str. In der letzten Rd die StM abk und in R weiterarbeiten.

305.–310. R: Wie die 1.–6. R str.

Anschließend alle M rechts abk.

FERTIGSTELLEN

Die StM sichern und durchtrennen (siehe Seite 21 und 22 im Grundlagenteil). Anschließend die StM an jeder Seite doppelt nach innen umschlagen und mit kleinen Stichen festnähen.

Die Fäden sorgfältig vernähen. Das Tuch gemäß den Herstellerangaben des Garns waschen, spannen und unter feuchten Tüchern trocknen lassen.

LEGENDE

 = 1 Masche rechts

STRICKSCHRIFT

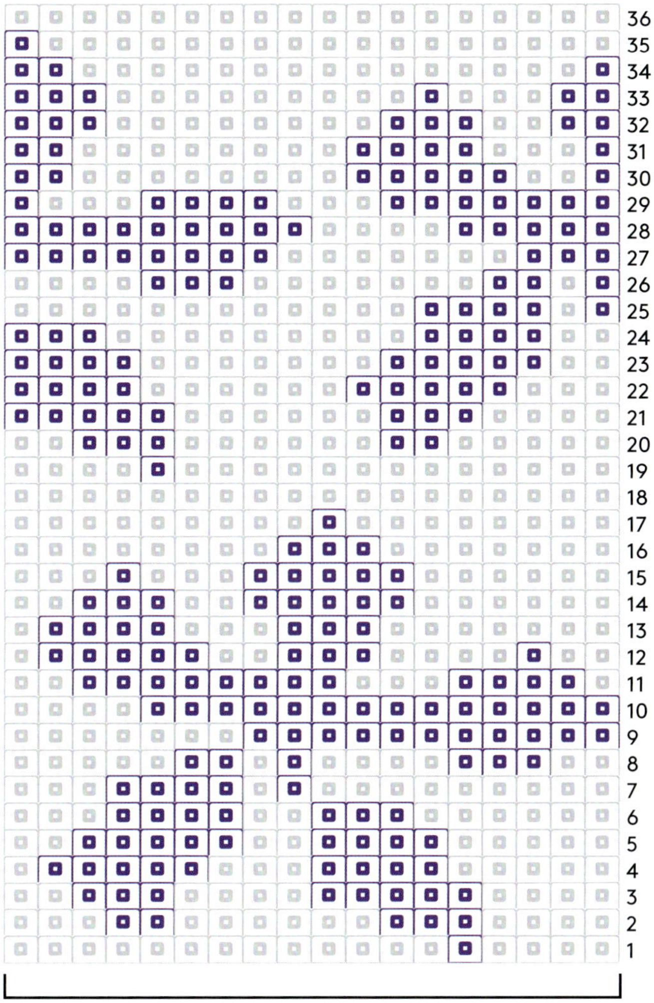

Mustersatz = 18 Maschen

SVALA

Loop

◆◆◆

GRÖSSE

78 x 47 cm

MATERIAL

- Pascuali Balayage (80 % Alpaca, 20 % Wolle, LL 175 m/50 g) in Amazonas (meliert, Fb 720), 150 g, in Ishinca (Grau, Fb 617), Iquitos (Gold, Fb 608) und Sandoval (Taubenblau, Fb 615), je 50 g
- Rundstricknadel 3,0 mm, 80 cm lang
- Maschenmarkierer
- Vernähnadel

FORMGEBUNG

Der Loop wird in Rd gestrickt.

MUSTER

Grundmuster – glatt rechts

In Rd alle M rechts str.

Ajourmuster

Nach der Strickschrift str. Es sind alle Rd gezeichnet. Den MS von 10 M und die 1.–10. Rd gemäß Anleitung wdh.

Mäusezähnchenrand

Siehe hierzu die 1.–17. Rd in der Anleitung, nach Fertigstellung wird die Anschlagkante an die M der 17. Rd genäht, so entsteht ein kleiner Zackenrand.

Lochmuster

1. Rd: Alle M rechts str.

2.Rd: Alle M links str.

3. Rd: * 1 U, 2 M rechts überz zusstr *, von * bis * fortlaufend wdh.

4. Rd: Alle M rechts str.

5. Rd: Alle M links str.

Die 1.–5. Rd gemäß Anleitung wdh.

MASCHENPROBE

Glatt rechts mit Nd 3,0 mm: 20 M und 27 R nach dem Spannen = 10 x 10 cm

SO GEHT'S:

210 M in Iquitos/Gold anschl, die Arbeit zur Rd schließen, dabei darauf achten, dass sich die M nicht verdrehen.

1.–8. Rd: Alle M glatt rechts str.

9. Rd: * 1 U, 2 M rechts überz zusstr *, von * bis * 105 x str.

10.–17. Rd: Alle M glatt rechts.

18.–23. Rd in Amazonas/meliert: Alle M glatt rechts str.

24.–28. Rd in Ishinca/Grau: Im Lochmuster str.

29.–34. Rd: Wie die 18.–23. Rd str.

35.–39. Rd in Sandoval/Taubenblau: Im Lochmuster str.

40.–45. Rd: Wie die 18.–23. Rd str.

46.–59. Rd in Iquitos/Gold: Im Lochmuster str.

60.–125. Rd: Die 18.–59. Rd 2 x wdh.

126.–127. Rd in Amazonas/meliert: Alle M glatt rechts str.

AJOURMUSTER

128.–177. Rd in Amazonas/meliert: Den MS von 10 M gemäß Strickschrift 21 x in der Breite und 5 x in der Höhe str.

178.–179. Rd in Amazonas/meliert: Alle M glatt rechts str.

180.–184. Rd in Iquitos/Gold: Im Lochmuster str.

185.–190. Rd in Amazonas/meliert: Alle M glatt rechts.

191.–195. Rd in Sandoval/Taubenblau: Im Lochmuster str.

196.–201. Rd: Wie die 185.–190. Rd str.

202.–206. Rd in Ishinca/Grau: Im Lochmuster str.

207.–211. Rd: Wie die 185.–190. Rd str.

212.–228. Rd: Wie die 1.–17. Rd str.

Anschließend alle M rechts locker abk.

FERTIGSTELLEN

Die ersten sowie die letzten 8 Rd nach innen umschlagen und annähen. Alle Fäden sorgfältig vernähen. Den Loop gemäß den Herstellerangaben des Garns waschen, spannen und trocknen lassen.

LEGENDE

= 1 Masche rechts

= 1 Umschlag

= 2 Maschen rechts überzogen zusammenstricken: 1 Masche abheben, 1 Masche rechts stricken, dann die abgehobene Masche über die gestrickte ziehen.

= 2 Maschen rechts zusammenstricken

STRICKSCHRIFT

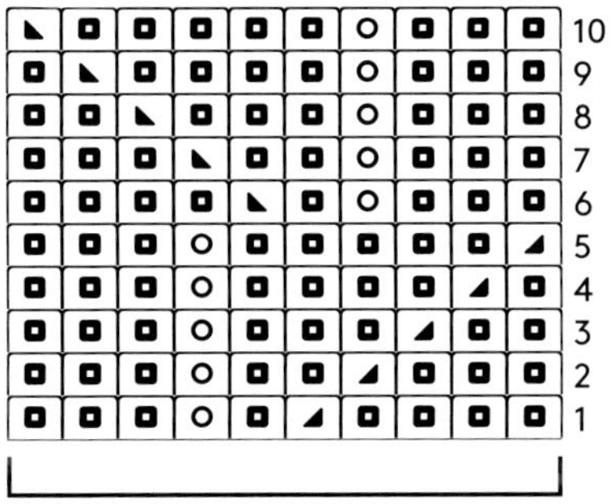

Mustersatz = 10 Maschen

ELIDA

Tuch

GRÖSSE

190 x 95 cm

MATERIAL

- Lang Yarns Baby Alpaca (100 % Alpaka, LL 167 m/50 g) in Grau (Fb 03), 200 g, und in Blau (Fb 135), 50 g
- Lang Yarns Mohair Luxe (77 % Mohair, 23 % Seide, LL 175m/25 g) in Grau (Fb 03) 100 g, und in Blau (Fb 106), 25 g
- Rundstricknadeln 5,5 mm in verschiedenen Längen
- Schere
- Vernähnadel
- Maschenmarkierer

FORMGEBUNG

Das Tuch wird von der breitesten Seite hin zur Spitze gestrickt. Geformt wird es durch Zun in jeder Hin-R, am R-Anfang und -Ende sowie in der Mitte durch U, die in der Rück-R links verschränkt gestrickt werden.

Ab der Mittel-M wird das Tuch gegengleich gestrickt.

Der Fair-Isle-Streifen wird mit einem Steek in Rd gestrickt, die Zun werden hier durch das Herausstr 1 M aus dem QF gearbeitet.

Das Tuch wird zweifädig gestrickt (= 1 Faden Baby Alpaka und 1 Faden Mohair). Es empfiehlt sich, um das Verknoten der Garne innerhalb des Fair-Isle-Streifens zu vermeiden, beide Qualitäten zu einem Knäuel zu wickeln.

MUSTER

Randmaschen

Die erste M jeder R wie zum Rechtsstr abh, die letzte M jeder R rechts str.

Grundmuster – glatt rechts

In Hin-R alle M rechts str, in Rück-R alle M links str. In Rd alle M rechts str.

Kraus rechts

In Hin- und Rück-R alle M rechts str. In Rd 1 Rd rechte M, 1 Rd linke M im Wechsel str.

Fair-Isle-Muster

Nach der Strickschrift str. Es sind alle Rd gezeichnet. Den MS von 6 M gemäß Anleitung wdh. Die 1.–8. Rd insgesamt 5 x str (= 40 Rd). Die Zun werden in jeder 2. Rd gestrickt und in das Muster eingefügt.

Steekmaschen: Die StM glatt rechts wie folgt str: * 1 M in Blau, 1 M in Grau *, von * bis * 4 x wdh, 1 M in Blau. In jeder Rd die Fb wechseln, sodass ein kleines Karomuster entsteht.

MASCHENPROBE

Glatt rechts zweifädig (= 1 Faden Baby Alpaka und 1 Faden Mohair) mit Nd 5,5 mm: 15 M und 26 R = 10 x 10 cm

SO GEHT'S:

Zweifädig in Grau (= 1 Faden Baby Alpaka und 1 Faden Mohair) 3 M anschl.

1. R (Hin-R): 1 M rechts, 1 U, 1 M rechts, 1 U, 1 M rechts (= 5 M).

2. R (Rück-R): RM, den U rechts verschränkt abstr, 1 M rechts, den U rechts verschränkt abstr, RM.

3. R: RM, * 1 U, 1 M rechts *, von * bis * 3x str, 1 U, RM (= 9 M).

4. R: RM, * den U rechts verschränkt abstr, 1 M rechts *, von * bis * 3x str, den U rechts verschränkt abstr, RM.

5. R: RM, 2 M kraus rechts, 1 U, 3 M rechts, 1 U, 2 M kraus rechts, RM (= 11 M).

6. R: RM, 2 M kraus rechts, den U links verschränkt abstr, 3 M links, den U links verschränkt abstr, 2 M kraus rechts, RM.

7. R: RM, 2 M kraus rechts, 1 U, 2 M rechts, 1 U, 1 M rechts = Mittel-M, 1 U, 2 M rechts, 1 U, 2 M kraus rechts, RM (15 M).

8. R: RM, 2 M kraus rechts, den U links verschränkt abstr, 2 M links, den U links verschränkt abstr, 1 M links, den U links verschränkt abstr, 2 M links, den U links verschränkt abstr, 2 M kraus rechts, RM.

9.–126. R: Wie die 7. und 8. R str (= 251 M). In der letzten R zusätzlich 9 StM anschl und die Arbeit zur Rd schließen.

FAIR-ISLE-MUSTER

HINWEIS: Die ersten und die letzten 3 M nach bzw. vor den StM werden in Grau kraus rechts gestrickt.

Die Mittel-M wird stets in Grau gestrickt. Das Tuch wird nach der Mittel-M gegengleich gestrickt.

127.–166. Rd: RM, 3 M kraus rechts, 1 M in Blau aus dem QF zun, 20x den MS von 6 M, 1x die 1. und 2. M des MS, 1 M in Grau aus dem QF zun, 1 Mittel-M in Grau, 1 M in Grau aus dem QF zun, 1x die 5. und 6.M des MS, 20x den MS von 6 M, 1 M in Blau aus dem QF zun, 3 M kraus rechts, 9 StM (= 331 M + 9 StM).

Die StM in der letzten Rd abk und weiter in R str.

167.–178. R in Grau: Wie die 7.–8. R str (= 355 M).

179.–188. R in Grau, Hin-R wie folgt: RM, 2 M kraus rechts, 1 U, * 2 M links, 4 M rechts *, von * bis * 29x str, 1 U, 1 Mittel-M, 1 U, * 4 M rechts, 2 M links*, von * bis * 29x str, 1 U, 2 M kraus rechts, RM. In den Rück-R die M str, wie sie erscheinen, die U verschränkt in das Muster einfügen (= 375 M).

Anschließend alle M elastisch abk: Die ersten 2 M rechts str, diese 2 M wieder auf die linke Nd heben und rechts verschränkt zusstr. * 1 M rechts str, die 2 M der rechten Nd wieder auf die linke Nd heben und rechts verschränkt zusstr *. Von * bis * wdh, bis alle M abgekettet sind.

FERTIGSTELLEN

Die StM sichern und durchtrennen (siehe Seite 21 und 22 im Grundlagenteil). Die StM nach innen umschlagen und am Tuch feststecken. Der Steek wird jeweils durch eine Strickblende versäubert (2x). Dafür in Grau 6 M anschl und 44 R glatt rechts str. Die RM im Muster str. Die M abk. Die Blende nun über die StM legen und mit kleinen Stichen am Tuch festnähen.

Die Fäden sorgfältig vernähen. Das Tuch gemäß den Herstellerangaben des Garns waschen, spannen und unter feuchten Tüchern trocknen lassen.

LEGENDE

▣ = 1 Masche rechts

STRICKSCHRIFT

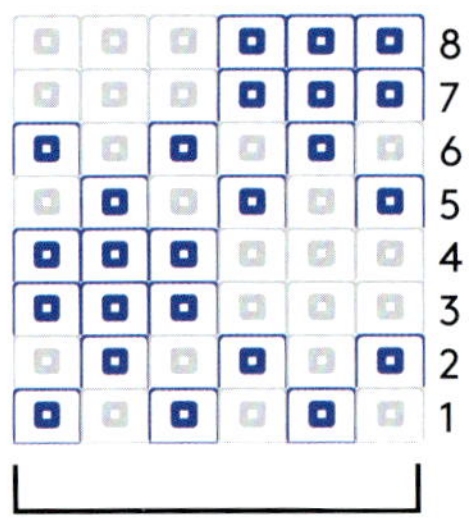

Mustersatz = 6 Maschen

NOEME

Tuch

◆◆◆

GRÖSSE

180 x 80 cm

MATERIAL

- Lang Yarns Merino 150 (100 % Schurwolle – mulesing free, LL 150 m/50 g) in Weiß (Fb 94), 150 g, in Flieder (Fb 207), Rosa (Fb 109) und Anthrazit (Fb 05), je 100 g
- Rundstricknadeln 4,0 mm in verschiedenen Längen
- Schere
- Vernähnadel
- Maschenmarkierer

FORMGEBUNG

Das Tuch wird von der breitesten Seite hin zur Spitze gestrickt. Geformt wird es durch Zun in jeder Hin-R, am R-Anfang und -Ende mit je 1 Zun, sowie in der Mitte durch eine spezielle Zun (Zun Mittel-M), dabei wird je 1 M vor und nach der Mittel-M zugenommen (für die Zun siehe Seite 15 und 16 im Grundlagenteil).

Ab der Mittel-M wird das Tuch gegengleich gestrickt.

MUSTER

Randmaschen

Die erste M jeder R wie zum Rechtsstr abh, die letzte M jeder R rechts str.

Grundmuster – glatt rechts

In Hin-R alle M rechts str, in Rück-R alle M links str. In Rd alle M rechts str.

Kraus rechts

In Hin- und Rück-R alle M rechts str. In Rd 1 Rd rechte M, 1 Rd linke M im Wechsel str.

Fair-Isle-Muster

Nach der Strickschrift str. Es sind alle Rd gezeichnet. Den MS von 20 M gemäß Anleitung wdh. Die 1.–20. Rd insgesamt 1x str. Die Zun werden jeweils das Muster eingefügt, d. h., die Strickschrift wird am R-Anfang und nach der Mittel-M von links nach rechts, vor der Mittel-M und am R-Ende von rechts nach links gelesen.

Der Streifen wird mit einem Steek in Rd gestrickt, die Zun erfolgen hier in jeder 2. Rd.

Steekmaschen: Die StM glatt rechts wie folgt str: * 1 M in Anthrazit, 1 M in Weiß *, von * bis * 5x str, 1 M in Anthrazit.

MASCHENPROBE

Glatt rechts mit Nd 4,0 mm nach dem Spannen: 20 M und 26 R = 10 x 10 cm

SO GEHT'S:

3 M in Weiß anschl.

1. R (Hin-R): 1 M rechts, 1 U, 1 M rechts, 1 U, 1 M rechts (= 5 M).

2. R (Rück-R): RM, 1 M rechts, den U rechts verschränkt abstr, 1 M rechts, den U rechts verschränkt abstr, 1 M rechts.

3. R: RM, * 1 U, 1 M rechts *, von * bis * 3 x str, 1 U, RM (= 9 M).

4. R: RM, den U rechts verschränkt abstr, 1 M rechts, 3 M links, 1 M rechts, den U rechts verschränkt abstr, RM.

5. R: RM, 2 M kraus rechts, 1 U, 3 M rechts, 1 U, 2 M kraus rechts, RM (= 11 M).

6. R: RM, 2 M kraus rechts, den U links verschränkt abstr, 3 M links, den U links verschränkt abstr, 2 M kraus rechts, RM.

7. R: RM, 2 M kraus rechts, 1 U, 2 M rechts, Zun Mittel-M, 2 M rechts, 1 U, 2 M kraus rechts, RM (= 15 M).

8. R: RM, 2 M kraus rechts, den U links verschränkt abstr, 7 M links, den U links verschränkt abstr, 2 M kraus rechts, RM.

9.–20. R: Wie die 7. und 8. R str (= 39 M).

21. R: Wie die 7. R str (= 43 M).

22. R (Rück-R): RM, 2 M kraus rechts in Weiß, den U links verschränkt abstr in Weiß, * 1 M links in Anthrazit, 1 M links in Weiß *, von * bis * 9 x str, Mittel-M in Anthrazit, * 1 M links in Weiß, 1 M links in Anthrazit *, von * bis * 9 x str, den U links verschränkt abstr in Weiß, 2 M kraus rechts in Anthrazit, RM.

23. und 24. R in Anthrazit: Wie die 7. und 8. R str (= 47 M).

25. R: RM, 2 M kraus rechts in Anthrazit, 1 M aus dem QF zun in Rosa, * 1 M rechts in Anthrazit, 1 M rechts in Rosa *, von * bis * 10 x str, Zun Mittel-M (= Zun in Anthrazit, Mittel-M in Anthrazit, Zun in Anthrazit), * 1 M rechts in Rosa, 1 M rechts Anthrazit *, von * bis * 10 x str, 1 M aus dem QF zun in Rosa, 2 M kraus rechts, RM in Rosa (= 51 M).

26.–39. R in Rosa: Wie die 7. und 8. R, dabei mit einer Rück-R beginnen und mit einer Hin-R enden (= 79 M).

40. R: RM, 2 M kraus rechts in Rosa, * 1 M links in Anthrazit, 1 M links in Rosa *, von * bis * 18 x str, Mittel-M links in Anthrazit, * 1 M links in Rosa, 1 M links in Anthrazit *, von * bis * 18 x str, 2 M kraus rechts, RM in Anthrazit.

41. und 42. R in Anthrazit: Wie die 7. und 8. R str (= 83 M).

43. R: RM, 2 M kraus rechts in Anthrazit, 1 M aus dem QF zun in Anthrazit, * 1 M in Flieder, 1 M in Anthrazit *, von * bis * 19 x str, Zun Mittel-M (= Zun in Flieder, Mittel-M in Anthrazit, Zun in Flieder), * 1 M in Anthrazit, 1 M in Flieder *, von * bis * 19 x str, 1 M aus dem QF zun in Anthrazit, 2 M kraus rechts, RM in Flieder (= 87 M).

44.–57. R in Flieder: Wie die 7. und 8. R, dabei mit einer Rück-R beginnen und mit einer Hin-R enden (= 115 M).

58. R: RM, 2 M kraus rechts in Flieder, * 1 M links in Anthrazit, 1 M links in Flieder*, von * bis * 27 x str, Mittel-M links in Anthrazit, * 1 M links in Flieder, 1 M links in An-thrazit *, von * bis * 27 x str, 2 M kraus rechts, RM in Anthrazit.

59. und 60. R in Anthrazit: Wie die 7. und 8. R str (= 119 M).

61. R: RM, 2 M kraus rechts in Anthrazit, 1 M aus dem QF zun in Anthrazit, * 1 M rechts in Weiß, 1 M rechts in Anthrazit *, von * bis * 28 x str, Zun Mittel-M (= Zun in Weiß, Mittel-M in Anthrazit, Zun in Weiß), * 1 M rechts in Anthrazit, 1 M rechts in Weiß *, von * bis * 28 x str, 1 M aus dem QF zun in Anthrazit, 2 M kraus rechts, RM in Weiß (= 123 M).

62.–75.R in Weiß: Wie die 7. und 8. R str, dabei mit einer Rück-R beginnen und mit einer Hin-R enden (= 151 M).

76 R: RM, 2 M kraus rechts in Weiß, * 1 M links in Anthrazit, 1 M links in Weiß *, von * bis * 36 x str, Mittel-M in Anthrazit, * 1 M links in Weiß, 1 M links in Anthrazit *, von * bis * 36 x str, 2 M kraus rechts, RM in Anthrazit.

77. und 78. R in Anthrazit: Wie die 23. und 24. R str (= 155 M).

79. R: Wie die 25.R str (= 159 M).

80.–93. R in Rosa: Wie die 26.–39. R str (= 187 M).

94.–97. R: Wie die 40.–43. R str (= 195 M).

98.–111 R in Flieder: Wie die 44.–57. R str (= 223 M).

112.–115. R: Wie die 58.–61. R str (= 231 M).

116.–129. R in Weiß: Wie die 62.–75. R str (= 259 M).

130.–133. R: Wie die 76.–79. R str (= 267 M).

134.–147. R in Rosa: Wie die 26.–39. R str (= 295 M).

148.–151. R: Wie die 40.–43. R str (= 303 M).

152.–165. R in Flieder: Wie die 44.–57. R str (= 331 M).

166.–169 R: Wie die 58.–61 R str (= 339 M). In der letzten R zusätzlich 11 StM anschl und die Arbeit zur Rd schließen.

FAIR-ISLE-MUSTER

HINWEIS: Hier wird nun nach der Strickschrift gestrickt, die Zun nach bzw. vor den kraus rechten M mit der Fair-Isle-Zunahmetechnik (Zun) str (für die Zun siehe auch Seite 15–17 im Grundlagenteil). Die Mittel-M stets in Weiß str.

170.–189. Rd: 3 M kraus rechts, 1 Zun in Weiß, 20x den MS von 20 M, 1x die 1.–6. M des MS, Zun Mittel-M (= Zun in Anthrazit, Mittel-M in Weiß, Zun in Anthrazit), 1x die 6.–1. M des MS, 20x den MS, 1 Zun in Weiß, 3 M kraus rechts in Weiß, 11 StM (= 379 M). In der letzten Rd die StM abk und in R weiterarbeiten.

190. R in Weiß: 3 M kraus rechts, 1 M aus dem QF zun, 186 M rechts, Zun Mittel-M, 186 M rechts, 1 M aus dem QF zun, 3 M kraus rechts (= 383 M).

191.–194. R: Wie die 58.–61. R str, hier in der 58. R anstatt in Flieder die M in Weiß str (= 391 M).

195. R (Rück-R) in Weiß: RM, 2 M kraus rechts, * 3 M links, 3 M rechts *, von * bis * 32x str, Mittel-M links, * 3 M rechts, 3 M links *, von * bis * 32x str, 2 M kraus rechts, RM.

196.–209.R in Weiß: RM, 2 M kraus rechts, 1 M aus dem QF links zun, * 3 M rechts, 3 M links *, von * bis * 32x str (= die M str, wie sie erscheinen), Zun Mittel-M (Zun rechts, Mittel-M rechts, Zun rechts), * 3 M links, 3 M rechts *, von * bis * 32x str (= die M str, wie sie erscheinen), 1 M aus dem QF links zun, 2 M kraus rechts, RM (= 419 M)

Anschließend alle M in Anthrazit mit einem I-Cord abk (siehe Seite 24 im Grundlagenteil).

FERTIGSTELLEN

Die StM sichern und durchtrennen (siehe Seite 21 und 22 im Grundlagenteil). Anschließend die StM doppelt nach innen umschlagen und am Tuch mit kleinen Stichen festnähen.

Die Fäden sorgfältig vernähen. Das Tuch gemäß den Herstellerangaben des Garns waschen, spannen und unter feuchten Tüchern trocknen lassen.

LEGENDE

= 1 Masche rechts

STRICKSCHRIFT

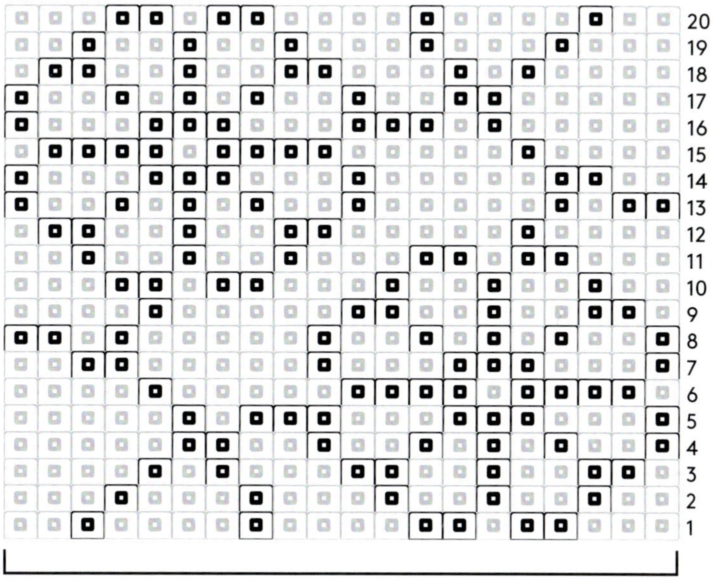

Mustersatz = 20 Maschen

RIXA

Tuch

GRÖSSE

200 x 100 cm

MATERIAL

- Isager Tweed (70 % Wolle, 30 % Mohair, LL 200 m/50 g) in Grau (Fb Winter Grey), 200 g, und in Gelb (Fb Lemon), 100 g
- Rundstricknadeln 4,0 mm in verschiedenen Längen
- Häkelnadel 3,0–3,5 mm
- Vernähnadel
- Maschenmarkierer

FORMGEBUNG

Das Tuch wird von der breitesten Seite hin zur Spitze gestrickt. Geformt wird es durch Zun in jeder Hin-R, am R-Anfang und -Ende sowie in der Mitte durch U, die in der Rück-R links gestrickt werden, sodass kleine Löcher entstehen.

Ab der Mittel-M wird das Tuch gegengleich gestrickt.

MUSTER

Randmaschen

Die erste M jeder R wie zum Rechtsstr abh, die letzte M jeder R rechts str.

Grundmuster – glatt rechts

In Hin-R alle M rechts str, in Rück-R alle M links str.

Kraus rechts

In Hin- und Rück-R alle M rechts str.

Ähren-Noppen-Muster

Nach der Strickschrift str. Es sind nur die Hin-R gezeichnet, in den Rück-R die M mustergemäß str. Den MS von 12 M gemäß Anleitung wdh, die 1.–28. R 1,5x str. Die Zun werden hier jeweils in das Muster eingefügt, d. h., die Strickschrift wird am R-Anfang und nach der Mittel-M von links nach rechts, vor der Mittel-M und am R-Ende von rechts nach links gelesen. Dabei bitte darauf achten, dass sich die U der Zun nicht mit den U des Musters gegeneinander aufheben.

MASCHENPROBE

Glatt rechts mit Nd 4,0 mm nach dem Spannen:
17 M und 33 R = 10 x 10 cm

SO GEHT'S:

5 M in Grau anschl.

1. R: 2 M rechts, 1 U, 1 M rechts, 1 U, 2 M rechts (= 7 M).

2. R: RM, 1 M rechts, den U rechts verschränkt abstr, 1 M rechts, den U rechts verschränkt abstr, 1 M rechts, RM.

3.R: RM, 1 M rechts, * 1 U, 1 M rechts *, von * bis * 3x str, 1 U, 1 M rechts, RM (= 11 M).

4. R: RM, 1 M rechts, * den U rechts verschränkt abstr, 1 M rechts *, von * bis * 3x str, den U rechts verschränkt abstr, 1 M rechts, RM.

5. R: RM, 3 M kraus rechts, 1 U, 1 M rechts, 1 U, 1 M rechts = Mittel-M, 1 U, 1 M rechts, 1 U, 3 M kraus rechts, RM (= 15 M).

6. R: RM, 3 M kraus rechts, den U links abstr, 5 M links, den U links abstr, 3 M kraus rechts, RM.

7. R in Gelb: RM, 3 M kraus rechts, 1 U, 3 M rechts, 1 U, Mittel-M rechts, 1 U, 3 M rechts, 1 U, 3 M kraus rechts, RM (= 19 M).

8. R in Gelb: RM, 3 M kraus rechts, den U links abstr, 3 M links, den U links abstr, Mittel-M links, den U links abstr, 3 M links, den U links abstr, 3 M kraus rechts, RM.

9. und 10. R in Grau: Wie die 7. und 8. R str (= 23 M).

11.–100. R: Wie die 7.–10. R str, dabei je 2 R Gelb und Grau im Wechsel, enden mit 2 R Gelb (= 203 M).

101.–104. R in Grau: RM, 3 M kraus rechts, 1 U, 97 M kraus rechts, 1 U, Mittel-M, 1 U, 97 M kraus rechts, 1 U, 3 M kraus rechts, RM (= 211 M).

ÄHREN-NOPPEN-MUSTER

105.–146. R in Grau: RM, 3 M kraus rechts, 1 U, 8x den MS von 12 M, 1x die 1.–5. M des MS, 1 U, Mittel-M, 1 U, 1x die 5.–1. M des MS, 8x den MS von 12 M, 1 U, 3 M kraus rechts, RM (= 295 M).

147.–176. R: Wie die 7.–10. R str, dabei je 2 R Gelb und Grau im Wechsel, enden mit 2 R Gelb (= 355 M).

177.–180. R in Grau: Wie die 101.–104. R str (= 363 M).

181.–208. R in Grau: RM, 3 M kraus rechts, 1 U, 14x den MS von 12 M, 1x die 1.–9. M des MS, 1 U, Mittel-M, 1 U, 1x die 9.–1. M des MS, 14x den MS von 12 M, 1 U, 3 M kraus rechts, RM (= 419 M).

Anschließend alle M in Grau mit einem I-Cord abk (siehe Seite 24 im Grundlagenteil).

FERTIGSTELLEN

Alle Fäden sorgfältig vernähen. Das Tuch gemäß den Herstellerangaben des Garns waschen, spannen und trocknen lassen.

LEGENDE

 = 1 Masche rechts

 = 1 Masche links

 = 1 Umschlag

 = 2 Maschen rechts überzogen zusammenstricken: 1 Masche abheben, 1 Masche rechts stricken, dann die abgehobene Masche über die gestrickte ziehen

 = 2 Maschen rechts zusammenstricken

 = 1 Masche kraus rechts: In Hin- und Rückreihen 1 Masche rechts stricken

 = 3 Maschen rechts überzogen zusammenstricken: 1 Masche wie zum Rechtsstricken abheben. Die folgenden 2 Maschen rechts zusammenstricken, dann die abgehobene Masche über die gestrickte Masche ziehen

 = Noppe: Mit der Häkelnadel in das angegebene Maschenglied stechen, eine Schlinge durchziehen, * den Faden um die Häkelnadel legen, erneut in dieselbe Masche einstechen und den Faden durchziehen *, von * bis * noch 2x wiederholen. Den Arbeitsfaden durch alle auf der Häkelnadel liegenden Schlingen ziehen, den Faden noch einmal um die Häkelnadel und durch die einzelne Schlinge ziehen. Nun von hinten in die Masche unterhalb der Noppe einstechen, den Faden holen und durch beide Schlingen ziehen. Die Noppe auf die rechte Stricknadel legen.

STRICKSCHRIFT

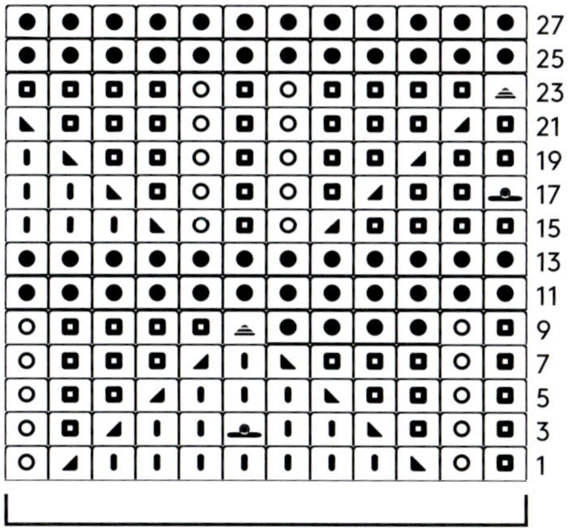

Mustersatz = 12 Maschen

FJOLA

Schal

◆◆◆

GRÖSSE

180 x 33 cm

MATERIAL

- Rowan Felted Tweed (50 % Wolle, 25 % Alpaca, 25 % Viskose, LL 175 m/50 g) in Clay (Beige, Fb 177), 200 g, in Alabaster (Hellblau, Fb 197), 100 g, in Frozen (Rosa, Fb 185), Pink Bliss (Fb 199) und Watery (Jadegrün, Fb 152), je 50 g
- Rundstricknadel Nd 4,0 mm, 80 cm lang
- Häkelnadel 3,5 mm
- Vernähnadel
- Maschenmarkierer

FORMGEBUNG

Fjola ist ein Schlauchschal und wird in Rd gestrickt.

MUSTER

Kraus rechts

In Rd 1 Rd rechte M, 1 Rd linke M im Wechsel str.

Grundmuster

In Rd alle M rechts str.

Noppe

Mit der Häkel-Nd in das angegebene M-Glied stechen, eine Schlinge durchziehen, * den Faden um die Häkel-Nd legen, erneut in dieselbe M einstechen und den Faden durchziehen *, von * bis * noch 2 x wdh. Den Arbeitsfaden durch alle auf der Häkel-Nd liegenden Schlingen ziehen, den Faden noch einmal um die Häkel-Nd und durch die einzelne Schlinge ziehen. Nun von hinten in die M unterhalb der Noppe einstechen, den Faden holen und durch beide Schlingen ziehen. Die Noppe auf die rechte Strick-Nd legen.

Fair-Isle-Muster

Nach der Strickschrift str. Es sind alle Rd gezeichnet. Den MS von 12 M gemäß Anleitung wdh, die 1.–27. Rd 1 x str.

MASCHENPROBE

Glatt rechts mit Nd 4,0 mm nach dem Spannen: 21 M und 24 R = 10 x 10 cm

SO GEHT'S:

144 M in Alabaster anschl und die Arbeit zur Rd schließen, dabei darauf achten, dass sich die M nicht verdrehen. Den Rd-Beginn mit einem MM kennzeichnen.

1.–6. Rd: Alle M kraus rechts str.

7. Rd: Alle M rechts str.

8.–19. Rd: * 1 M in Alabaster, 1 M in Watery rechts str *, von * bis * wdh bis zum Rd-Ende.

20. Rd: Alle M links str.

21. und 22. Rd: Alle M rechts str.

23. Rd: * 5 M in Alabaster rechts, 1 Noppe in Pink Bliss str *, von * bis * 24x str.

24. und 25. Rd: Alle M rechts str.

26. Rd: Alle M links str.

27.–40. Rd in Frozen: Alle M rechts str.

41. Rd in Clay: Alle M rechts str.

42. Rd in Clay: Alle M links str.

43. Rd: * 2 M in Clay, 2 M in Alabaster rechts str *, von * bis * wdh bis zum Rd-Ende.

44. Rd in Clay: Alle M rechts str.

45. Rd: * 2 M in Alabaster, 2 M in Clay rechts str *, von * bis * wdh bis zum Rd-Ende.

46. Rd in Clay: Alle M rechts str.

47.–58. Rd: Die 43.–46. Rd 3x wdh.

59. Rd in Clay: Alle M links str.

60.–73. Rd in Frozen: Alle M rechts str.

74. Rd in Alabaster: Alle M rechts str.

75. Rd in Alabaster: Alle M links str.

FAIR-ISLE-MUSTER

76.–102. Rd: Nach der Strickschrift str, den MS von 12 M 12x und die 1.–27. Rd 1x str.

103. Rd in Alabaster: Alle M rechts str.

104. Rd in Alabaster: Alle M links str.

105.–107. Rd in Clay: Alle M rechts str.

108. Rd in Clay: * 4 M rechts, 1 U, 2 M rechts überz zusstr *, von * bis * wdh bis zum Rd-Ende.

109.–111. Rd in Clay: Alle M rechts str.

112. Rd in Clay: * 1 U, 2 M rechts überz zusstr, 4 M rechts *, von * bis * wdh bis zum Rd-Ende.

113.–296. Rd in Clay: Die 105.–112. Rd 23x wdh.

297. Rd in Alabaster: Alle M rechts str.

298. Rd in Alabaster: Alle M links str.

Fair-Isle-Muster:

299.–325. Rd: Nach der Strickschrift str, den MS von 12 M 12x und die 1.–27. Rd 1x str.

326. Rd in Alabaster: Alle M rechts str.

327. Rd in Alabaster: Alle M links str.

328.–341. Rd in Frozen: Alle M rechts str.

342. Rd in Clay: Alle M rechts str.

343. Rd in Clay: Alle M links str.

344.–359. Rd: Wie die 43.–58. Rd str.

360. Rd in Clay: Alle M rechts str.

361. Rd in Clay: Alle M links str.

362.–375. Rd in Frozen: Alle M rechts str.

376. Rd in Alabaster: Alle M rechts str.

377. Rd in Alabaster: Alle M links str.

378.–382. Rd: Wie die 21.–25. Rd str.

383. Rd in Alabaster: Alle M links str.

384.–395. Rd: Wie die 8.–19. Rd str.

396.–401. Rd: Alle M kraus rechts str.

Anschließend alle M rechts abk.

FERTIGSTELLEN

Alle Fäden sorgfältig vernähen. Den Schal den Herstellerangaben des Garns waschen, spannen und trocknen lassen.

LEGENDE

 = 1 Masche rechts

STRICKSCHRIFT

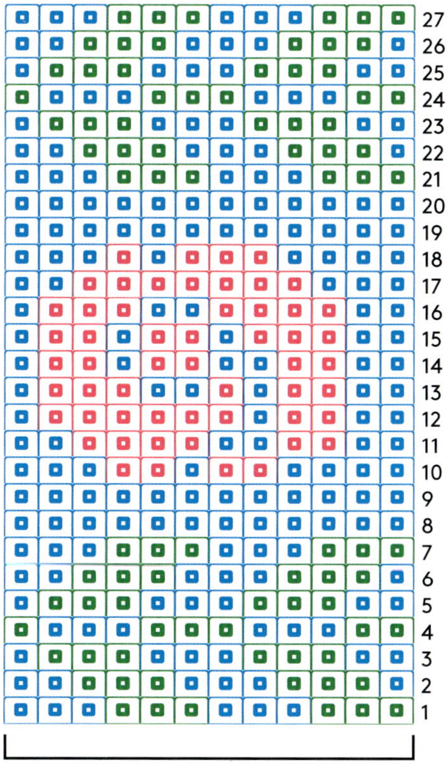

Mustersatz = 12 Maschen

INGA

Tuch

GRÖSSE

174 x 80 cm

MATERIAL

- Lang Yarns Merino 120 (100 % Schurwolle – mulesing free, LL 120 m/50 g) in Gelb (Fb 149), 300 g, in Marine (Fb 35) und Weiß (Fb 01), je 50 g
- Rundstricknadeln 4,5 mm in verschiedenen Längen
- Vernähnadel
- Schere
- Maschenmarkierer

FORMGEBUNG

Das Tuch wird von der breitesten Seite hin zur Spitze gestrickt. Geformt wird es durch Zun in jeder Hin-R, am R-Anfang und -Ende mit je 1 Zun, sowie in der Mitte durch eine spezielle Zun (Zun Mittel-M), dabei wird je 1 M vor und nach der Mittel-M zugenommen (für die Zun siehe Seite 15 und 16 im Grundlagenteil).

Ab der Mittel-M wird das Tuch gegengleich gestrickt.

MUSTER

Randmaschen

Die erste M jeder R wie zum Rechtsstr abh, die letzte M jeder R rechts str.

Grundmuster – glatt rechts

In Hin-R alle M rechts str, in Rück-R alle M links str. In Rd alle M rechts str.

Kraus rechts

In Hin- und Rück-R alle M rechts str. In Rd 1 Rd rechte M, 1 Rd linke M im Wechsel str.

Fair-Isle-Muster

Nach der Strickschrift str. Es sind alle Rd gezeichnet. Den MS von 4 M gemäß Anleitung wdh, die 1.–21. Rd 1 x str. Die Zun werden hier jeweils in das Muster eingefügt.

Der Fair-Isle-Streifen wird mit einem Steek in Rd gestrickt, die Zun erfolgen hier in jeder 2. Rd.

Steekmaschen: Die StM glatt rechts wie folgt str: * 1 M in Marine bzw. in Weiß, 1 M in Gelb *, von * bis * 4 x str, 1 M in Marine bzw. in Weiß.

MASCHENPROBE

Glatt rechts mit Nd 4,5 mm nach dem Spannen: 18 M und 30 R = 10 x 10 cm

SO GEHT'S:

5 M in Gelb anschl.

1. R: 2 M rechts, 1 U, 1 M rechts, 1 U, 2 M rechts (= 7 M).

2. R: RM, 1 M rechts, den U rechts verschränkt abstr, 1 M rechts, den U rechts verschränkt abstr, 1 M rechts, RM.

3. R: RM, 2 M kraus rechts, 1 U, 1 M rechts, 1 U, 2 M kraus rechts, RM (= 9 M).

4. R: RM, 2 M kraus rechts, den U rechts verschränkt abstr, 1 M rechts, den U rechts verschränkt abstr, 2 M kraus rechts, RM.

5. R: RM, 2 M kraus rechts, 1 U, 1 M rechts, Zun Mittel-M, 1 M rechts, 1 U, 2 M kraus rechts, RM (13 M).

6. R: RM, 2 M kraus rechts, den U links verschränkt abstr, 5 M links, den U links verschränkt abstr, 2 M kraus rechts, RM.

7.–136. R: Wie die 5. und 6. R str (= 273 M). In der letzten Rd zusätzlich 9 StM anschl und die Arbeit zur Rd schließen.

FAIR-ISLE-MUSTER

HINWEIS: Nach der Strickschrift str. Die 3 kraus rechten M nach bzw. vor den StM, sowie die Mittel-M werden stets in Gelb gestrickt. Für die Zun siehe Seite 15 und 16 im Grundlagenteil.

137.–157. Rd: RM, 2 M kraus rechts, 1 Zun, 33 x den MS von 4 M, 1 x die 1. M des MS, Zun Mittel-M, 1 x die 1. M des MS, 33 x den MS von 4 M, 1 Zun, 3 M kraus rechts, 9 StM abk (= 317 M).

In der letzten Rd die StM abketten und in R weiterarbeiten.

158. R in Gelb: RM, 2 M kraus rechts, 311 M links, 2 M kraus rechts, RM.

159.–178 R: Wie die 5. und 6. R str (= 357 M).

179. R: 1 M links in Marine, 1 M rechts in Weiß, 1 M links in Marine, 1 Zun, in Weiß, * 1 M links in Marine, 1 M rechts in Weiß*, von * bis * 87 x str, 1 M links in Marine, Zun Mittel-M (= Zun in Weiß, Mittel-M in Marine, Zun in Weiß), 1 M links in Marine, * 1 M rechts in Weiß, 1 M links in Marine *, von * bis * 87 x str, 1 Zun in Weiß, 1 M links in Marine, 1 M rechts in Weiß, 1 M links in Marine str (= 381 M).

180. R: 1 M rechts in Marine, 1 M links in Weiß, 1 M rechts in Marine, * 1 M links in Weiß, 1 M rechts in Marine *, von * bis * 88 x str, 1 M links in Weiß, 1 M links in Marine, 1 M links in Weiß, * 1 M rechts in Marine, 1 M links in Weiß *, von * bis * 88 x str, 1 M rechts in Marine, 1 M links in Weiß, 1 M rechts in Marine.

181.–190. R: Wie die 179. und 180. R. str.

Anschließend alle M in Gelb mit einem I-Cord abk (siehe Seite 24 im Grundlagenteil).

FERTIGSTELLEN

Die StM sichern und durchtrennen (siehe Seite 21 und 22 im Grundlagenteil). Anschleßend die StM doppelt nach innen umschlagen und am Tuch mit kleinen Stichen festnähen.

Die Fäden sorgfältig vernähen. Das Tuch gemäß den Herstellerangaben des Garns waschen, spannen und unter feuchten Tüchern trocknen lassen.

LEGENDE

= 1 Masche rechts

STRICKSCHRIFT

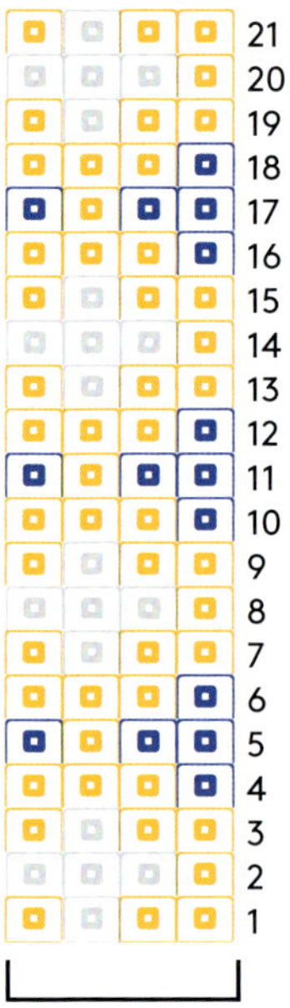

Mustersatz = 4 Maschen

SILLA

Tuch

GRÖSSE

174 x 88 cm

MATERIAL

- Lopi Lettlopi (100 % Wolle, LL 100 m/50 g) in Grege (Fb 86), 200 g, in Gelb (Fb 1703), Mittelbraun (Fb 9427) und Dunkelbraun (Fb 867), je 50 g
- Rundstricknadeln 5,0 mm in verschiedenen Längen
- Schere
- Vernähnadel
- Maschenmarkierer

FORMGEBUNG

Das Tuch wird von der breitesten Seite hin zur Spitze gestrickt. Geformt wird es durch Zun in jeder Hin-R, am R-Anfang und -Ende mit je 1 Zun, sowie in der Mitte durch eine spezielle Zun (Zun Mittel-M), dabei wird je 1 M vor und nach der Mittel-M zugenommen (für die Zun siehe Seite 16 im Grundlagenteil).

Ab der Mittel-M wird das Tuch gegengleich gestrickt.

MUSTER

Grundmuster – glatt rechts

In Hin-R alle M rechts str, in Rück-R alle M links str. In Rd alle M rechts str.

I-Cord-Rand

Die ersten 3 M der R abh, den Faden etwas anziehen. Die letzten 3 M einer R dem Muster entsprechend str.

Fair-Isle-Muster

Nach der Strickschrift str. Es sind alle Rd gezeichnet. Den MS von 4 M gemäß Anleitung wdh, die 1.–44. Rd 1x str. Die Zun werden hier jeweils in das Muster eingefügt.

Der Fair-Isle-Streifen wird mit einem Steek in Rd gestrickt, die Zun erfolgen hier in jeder 2. Rd.

Steekmaschen: Die StM glatt rechts wie folgt str: * 1 M in Braun bzw. in Weiß, 1 M in Grege *, von * bis * 2x str, 1 M in Braun bzw. in Weiß. In den Uni-Rd die 5 StM in der jeweiligen Fb str.

MASCHENPROBE

Glatt rechts mit Nd 5,0 mm nach dem Spannen: 16 M und 22 R = 10 x 10 cm

SO GEHT'S:

5 M in Grege anschl.

1. R: 2 M abh, 1 U, 1 M rechts, 1 U, 2 M rechts (= 7 M).

2. R: 2 M abh, den U links verschränkt abstr, 1 M links, den U links verschränkt abstr, 2 M links.

3. R: 3 M abh (I-Cord-Rand), 1 U, 1 M rechts, 1 U, 3 M rechts (I-Cord-Rand) (= 9 M).

4. R: 3 M abh, den U links verschränkt abstr, 1 M links, den U links verschränkt abstr, 3 M links.

5. R: 3 M abh, 1 Zun, 1 M rechts, Zun Mittel-M, 1 M rechts, 1 Zun, 3 M rechts (= 13 M).

6. R: 3 M abh, 7 M links, 3 M links.

7.–74. R: Wie die 5. und 6. R str (= 149 M). In der letzten R zusätzlich 5 StM anschl und die Arbeit zur Rd schließen.

FAIR-ISLE-MUSTER

HINWEIS: Nach der Strickschrift arbeiten. Die 3 M des I-Cord-Randes werden rechts in Grege gestrickt. In der 1.–4. Rd sowie in der 41.–44. Rd wird die Mittel-M in Grege, in der 5.–12. Rd sowie in der 33.–40. Rd in Mittelbraun und in der 13.–32. Rd in Gelb gestrickt.

75.–118. Rd: 3 M rechts, 1 Zun in Dunkelbraun, 17 x den MS von 4 M, 1 x die 1.–3. M des MS, Zun Mittel-M, 1 x die 1.–3. M des MS, 17 x den MS von 4 M, 1 Zun in Grege, 3 M rechts, 5 StM (= 237 M). Die StM in der letzten Rd abk und weiter in R str.

119.–146. R in Grege: Wie die 5. und 6. Rd str (= 293 M).

147.–152. R in Grege: 3 M abh, 1 Zun rechts, * 1 M links, 1 M rechts verschränkt *, von * bis * 71 x str, 1 M links, Zun Mittel-M, 1 M links, * 1 M rechts verschränkt, 1 M links *, von * bis * 71 x str, 1 Zun rechts, 3 M rechts (= 305 M).

In den Rück-R die linken M verschränkt str, alle übrigen M str, wie sie erscheinen.

Anschließend alle M mit einem I-Cord abk (siehe Seite 24 im Grundlagenteil).

FERTIGSTELLEN

Die StM sichern und durchtrennen (siehe Seite 21 und 22 im Grundlagenteil). Dann den Rand eng nach innen einrollen und mit kleinen Stichen festnähen. Der Steek fügt sich so in den seitlichen I-Cord-Rand ein.

Die Fäden sorgfältig vernähen. Das Tuch gemäß den Herstellerangaben des Garns waschen, spannen und unter feuchten Tüchern trocknen lassen.

LEGENDE

= 1 Masche rechts

STRICKSCHRIFT

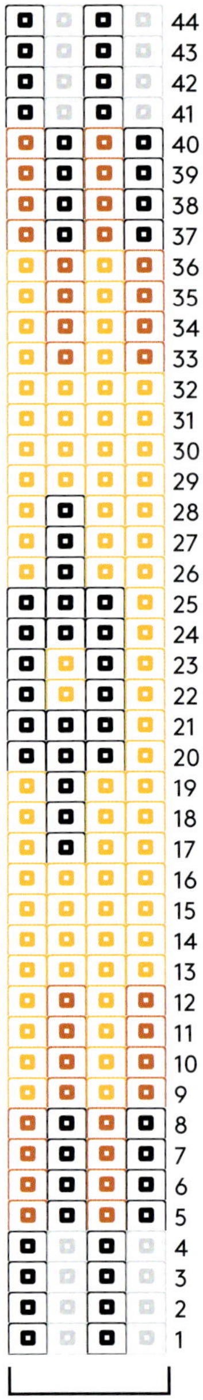

Mustersatz = 4 Maschen

RIXA TUCH

SIRI TUCH

MEDIA TUCH

ANOUK TUCH

INGA TUCH

TJARA

Tuch

GRÖSSE

200 x 91 cm

MATERIAL

- Sandnes Garn Borstet Alpakka (96 % gebürstetes Alpaka, 4 % Nylon, LL 110 m/50 g) in Altrosa (Fb 4324), 200 g, in Weiß (Fb 1001) und Grau (Fb 1042), je 50 g
- Rundstricknadeln 6,0 mm in verschiedenen Längen
- Vernähnadel
- Maschenmarkierer

FORMGEBUNG

Das Tuch wird von der breitesten Seite hin zur Spitze gestrickt. Geformt wird es durch Zun in jeder Hin-R, am R-Anfang und -Ende durch einen U, der in der Rück-R verschränkt gestrickt wird.

Ab der Mittel-M wird das Tuch gegengleich gestrickt.

MUSTER

Randmaschen

Die erste M jeder R wie zum Rechtsstr abh, die letzte M jeder R rechts str.

Grundmuster – glatt rechts

In Hin-R alle M rechts str, in Rück-R alle M links str.

Fair-Isle-Muster

Nach der Strickschrift str. Es sind alle R gezeichnet. Den MS von 10 M gemäß Anleitung wdh, die 1.–36. R 1x str. Die Zun werden hier jeweils in das Muster eingefügt. Der Fair-Isle-Streifen wird in R gestrickt.

MASCHENPROBE

Glatt rechts mit Nd 6,0 mm: 14 M und 22 R = 10 x 10 cm

SO GEHT'S:

5 M in Altrosa anschl.

1. R: 2 M rechts, 1 U, 1 M rechts, 1 U, 2 M rechts (= 7 M).

2. R: RM, 1 M rechts, den U rechts verschränkt abstr, 1 M rechts, den U rechts verschränkt abstr, 1 M rechts, RM.

3. R: RM, 2 M kraus rechts, 1 U, 1 M rechts = Mittel-M, 1 U, 2 M kraus rechts, RM (= 9 M).

4. R: RM, 2 M kraus rechts, den U links verschränkt abstr, Mittel-M links, den U links verschränkt abstr, 2 M kraus rechts, RM.

5. R: RM, 2 M kraus rechts, 1 U, 1 M rechts, 1 U, 1 M rechts, 1 U, 1 M rechts, 1 U, 2 M kraus rechts, RM (13 M).

6. R: RM, 2 M kraus rechts, den U links verschränkt abstr, 1 M links, den U links verschränkt abstr, 1 M links, den U links verschränkt abstr, 1 M links, den U links verschränkt abstr, 2 M kraus rechts, RM.

7.–100 R: Wie die 5. und 6. R str (= 201 M).

FAIR-ISLE-STREIFEN IM ZACKENMUSTER

HINWEIS: Hier wird nun nach der Strickschrift gestrickt. In diesem Bereich werden auch die Zun am Anfang und Ende der R durch eine spezielle Zunahmetechnik gestrickt (für die Zun siehe auch Seite 15 und 16 im Grundlagenteil). Die Zun werden in das Muster eingefügt, d.h., am R-Anfang und nach der Mittel-M wird die Strickschrift von links nach rechts, vor der Mittel-M und am R-Ende von rechts nach links gelesen. Die ersten sowie die letzten 3 M stets in Altrosa str. Die Mittel-M jeweils in der Grund-Fb str.

In den Rück-R das Muster gemäß der Strickschrift weiterführen.

101.–136. R: RM, 2 M kraus rechts in Altrosa, 1 Zun in Rosa, 9 x den MS von 10 M, 1 x die 1.–7. M des MS, Zun Mittel-M, 1 x die 10.–4. M des MS, 9 x den MS von 10 M, 1 Zun in Weiß, 2 M kraus rechts, RM in Altrosa (= 273 M).

137.–148. R in Altrosa: Wie die 5. und 6. R str (= 297 M).

149.–160. R in Altrosa: RM, 2 M kraus rechts, 1 U, 145 M kraus rechts, 1 U, 1 M rechts, 1 U, 145 M kraus rechts, 1 U, 2 M kraus rechts, RM (= 321 M). In den Rück-R die U rechts verschränkt abstr.

Anschließend alle M rechts abk.

FERTIGSTELLEN

Alle Fäden sorgfältig vernähen. Das Tuch gemäß den Herstellerangaben des Garns waschen, spannen und trocknen lassen.

LEGENDE

◘ = 1 Masche rechts

STRICKSCHRIFT

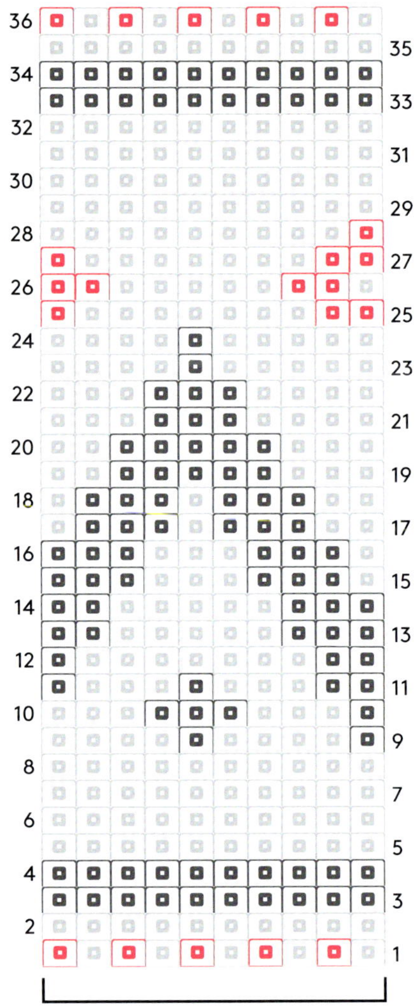

Mustersatz = 10 Maschen

YRJA
Tuch

◆◆◆

GRÖSSE

184 x 82 cm

MATERIAL

- Rowan Alpaca Soft DK (70 % Schurwolle, 30 % Alpaka, LL 125 m/50 g) in Weiß (Fb 201), 250 g, in Grau (Fb 211) und Dunkelrot (Fb 206), je 50 g
- Rundstricknadeln 4,0 mm in verschiedenen Längen
- Schere
- Vernähnadel
- Maschenmarkierer

FORMGEBUNG

Das Tuch wird von der breitesten Seite hin zur Spitze gestrickt. Geformt wird es durch Zun in jeder Hin-R, am R-Anfang und -Ende mit je 1 Zun, sowie in der Mitte durch eine spezielle Zun (Zun Mittel-M), dabei wird je 1 M vor und nach der Mittel-M zugenommen (für die Zun siehe Seite 15 und 16 im Grundlagenteil).

Ab der Mittel-M wird das Tuch gegengleich gestrickt.

MUSTER

Randmaschen

Die erste M jeder R wie zum Rechtsstr abh, die letzte M jeder R rechts str.

Grundmuster – glatt rechts

In Hin-R alle M rechts str, in Rück-R alle M links str. In Rd alle M rechts str.

Kraus rechts

In Hin- und Rück-R alle M rechts str. In Rd 1 Rd rechte M, 1 Rd linke M im Wechsel str.

Fair-Isle-Muster

Nach der Strickschrift str. Es sind alle Rd gezeichnet. Den MS von 12 M gemäß Anleitung wdh, die 1.–37. Rd 1x str. Die Zun werden hier jeweils in das Muster eingefügt.

Der Fair-Isle-Streifen wird mit einem Steek in Rd gestrickt, die Zun erfolgen hier in jeder 2. Rd.

Steekmaschen: Die StM glatt rechts wie folgt str: * 1 M in Rot bzw. in Grau, 1 M in Weiß *, von * bis * 3x str, 1 M in Rot bzw. in Grau.

MASCHENPROBE

Glatt rechts mit Nd 4,0 mm: 22 M und 30 R = 10 x 10 cm

SO GEHT'S:

5 M in Weiß anschl.

1. R: 2 M rechts, 1 U, 1 M rechts, 2 M rechts (= 7 M).

2. R: RM, 1 M rechts, den U rechts verschränkt abstr, 1 M rechts, den U rechts verschränkt abstr, 1 M rechts, RM.

3. R: RM, 2 M kraus rechts, 1 U, 1 M rechts = Mittel-M, 1 U, 2 M kraus rechts, RM (= 9 M).

4. R: RM, 2 M kraus rechts, den U links verschränkt abstr, Mittel-M links, den U links verschränkt abstr, 2 M kraus rechts, RM.

5. R: RM, 2 M kraus rechts, 1 U, 1 M rechts, Zun Mittel-M, 1 M rechts, 1 U, 2 M kraus rechts, RM (= 13 M).

6. R: RM, 2 M kraus rechts, den U links verschränkt abstr, 5 M links, den U links verschränkt abstr, 2 M kraus rechts, RM.

7.–90. R: Wie die 5. und 6. R str (= 181 M). In der letzten R zusätzlich 7 StM anschl und die Arbeit zur Rd schließen.

FAIR-ISLE-MUSTER

HINWEIS: Hier wird nun nach der Strickschrift gestrickt. In diesem Bereich werden auch die Zun am Anfang und Ende der Rd durch eine spezielle Zunahmetechnik gestrickt (für die Zun siehe auch Seite 15 und 16 im Grundlagenteil). Die Zun werden in das Muster eingefügt, d.h., am R-Anfang und nach der Mittel-M wird die Strickschrift von links nach rechts, vor der Mittel-M und am R-Ende von rechts nach links gelesen. Die ersten und die letzten 3 M werden stets in Weiß gestrickt. Die Mittel-M wird in der 1.–15. Rd und in der 21.–37. Rd in Weiß, in der 16.–20. Rd in Grau gestrickt.

91.–127. Rd: 3 M kraus rechts, 1 Zun, 7 x den MS von 12 M, 1 x die 1.–3. M des MS, Zun Mittel-M, 1 x die 12.–10. M des MS, 7 x den MS, 1 Zun, 3 M kraus rechts, 7 StM (= 257 M + 7 StM).

128. Rd in Weiß: 3 M kraus rechts, alle M rechts str, 3 M kraus rechts. Die 7 StM abk und wieder in R str.

129.–186. R in Weiß: Wie die 5. und 6. R str (= 373 M).

187.–200. R in Weiß: RM, 2 M kraus rechts, 1 U, * 3 M rechts, 2 M links *, von * bis * 36 x str, 3 M rechts, Zun Mittel-M, 3 M rechts, * 2 M links, 3 M rechts *, von * bis * 36 x str, 1 U, 2 M kraus rechts, RM (= 401 M).

201. und 202. R in Dunkelrot: Wie zuvor in der 187. R beschrieben (= 405 M).

Anschließend alle M mustergemäß in Dunkelrot abk.

FERTIGSTELLEN

Die StM sichern und durchtrennen (siehe Seite 21 und 22 im Grundlagenteil). Anschließend die StM doppelt nach innen umschlagen und am Tuch mit kleinen Stichen festnähen.

Die Fäden sorgfältig vernähen. Das Tuch gemäß den Herstellerangaben des Garns waschen, spannen und trocknen lassen.

LEGENDE

 = 1 Masche rechts

STRICKSCHRIFT

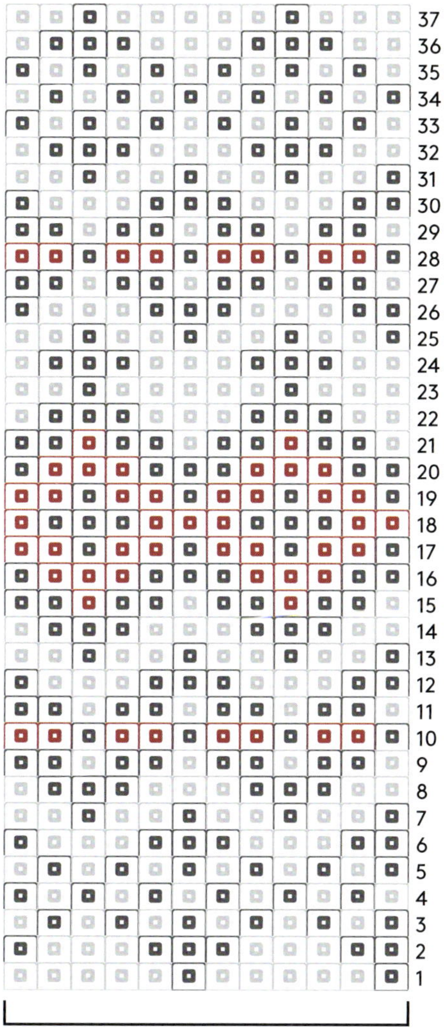

Mustersatz = 12 Maschen

BIRNA

Tuch

GRÖSSE

208 x 90 cm

MATERIAL

- Sandnes Fritidsgarn (100 % norwegische Schurwolle, LL 70 m/50 g) in Weiß (Fb 1012), 200 g, in Hellblau (Fb 6013), 150 g, in Grün (Fb 9336) und Rot (Fb 4529), je 100 g
- Rundstricknadeln 6,0 mm in verschiedenen Längen
- Vernähnadel
- Maschenmarkierer

FORMGEBUNG

Das Tuch wird von der breitesten Seite hin zur Spitze gestrickt. Geformt wird es durch Zun in jeder Hin-R, am R-Anfang und -Ende sowie in der Mitte durch U, die in der Rück-R verschränkt gestrickt werden.

Ab den Mittel-M wird das Tuch gegengleich gestrickt.

MUSTER

Randmaschen

Die erste M jeder R wie zum Rechtsstr abh, die letzte M jeder R rechts str.

Grundmuster – glatt rechts

In Hin-R alle M rechts str, in Rück-R alle M links str.

Kraus rechts

In Hin- und Rück-R alle M rechts str.

Fair-Isle-Muster

Nach der Strickschrift str. Es sind alle R gezeichnet. Den MS von 15 M gemäß Anleitung wdh, die 1.–32. R 1 x str. (**HINWEIS:** In der 5.–8. R und in der 25.–28. R sind es musterbedingt 16 M, dies hat keinen Einfluss auf das Muster.) Die Zun werden hier jeweils in das Muster eingefügt. Der Fair-Isle-Streifen wird in R gestrickt.

MASCHENPROBE

Glatt rechts mit Nd 6,0 mm: 12 M und 20 R = 10 x 10 cm

SO GEHT'S:

6 M in Weiß anschl.

1. R: 2 M rechts, 1 U, 2 M rechts, 1 U, 2 M rechts (= 8 M).

2. R: RM, 1 M rechts, den U rechts verschränkt abstr, 2 M rechts, den U rechts verschränkt abstr, 1 M rechts, RM.

3. R: RM, 2 M kraus rechts, 1 U, 2 M rechts, 1 U, 2 M kraus rechts, RM (= 10 M).

4. R: RM, 2 M kraus rechts, den U links verschränkt abstr, 2 M links, den U links verschränkt abstr, 2 M kraus rechts, RM.

5. R: RM, 2 M kraus rechts, 1 U, 1 M rechts, 1 U, 2 M rechts = Mittel-M, 1 U, 1 M rechts, 1 U, 2 M kraus rechts, RM (14 M).

6. R: RM, 2 M kraus rechts, den U links verschränkt abstr, 1 M links, den U links verschränkt abstr, 2 M links = Mittel-M, den U links verschränkt abstr, 1 M links, den U links verschränkt abstr, 2 M kraus rechts, RM.

7.–10. R: Wie die 5. und 6. R str (= 22 M).

11.–20. R in Hellblau: Wie die 5. und 6. R str (= 42 M).

21.–30. R in Weiß: Wie die 5. und 6. R str (= 62 M).

31.–40. R in Hellblau: Wie die 5. und 6. R str (= 82 M).

41.- 50. R in Weiß: Wie die 5. und 6. R str (= 102 M).

51.- 60. R in Hellblau: Wie die 5. und 6. R str (= 122 M).

61.–70. R in Weiß: Wie die 5. und 6. R str (= 142 M).

71.–80. R in Hellblau: wie die 5. und 6. R str (= 162 M).

81.–90. R in Weiß: Wie die 5. und 6. R str (= 182 M).

91.–100. R in Hellblau: Wie die 5. und 6. R str (= 202 M).

101. und 102. R in Weiß: Wie die 5. und 6. R str (= 206 M).

103. und 104. R in Grün: Wie die 5. und 6. R str (= 210 M).

105.–108. R: RM, 2 M kraus rechts in Weiß, 1 M aus dem QF zun in Weiß, * 1 M rechts in Rot, 1 M rechts in Weiß *, von * bis * 50 x str, 1 M rechts in Rot, 1 M aus dem QF in Weiß zun, 2 M in Weiß, 1 M in Weiß aus dem QF zun, * 1 M rechts in Rot, 1 M rechts in Weiß *, von * bis * 50 x str, 1 M rechts in Rot, 1 M aus dem QF in Weiß zun, 2 M kraus rechts, RM in Weiß (= 218 M).

FAIR-ISLE-MUSTER

HINWEIS: Hier wird nun nach der Strickschrift gestrickt. In diesem Bereich werden auch die Zun am Anfang und Ende der R (je 1 Zun) sowie vor und nach den 2 Mittel-M durch eine spezielle Zunahmetechnik gestrickt (Zun Mittel-M); für die Zun siehe auch Seite 15 und 16 im Grundlagenteil. Diese werden in das Muster eingefügt, d. h., am R-Anfang und nach den 2 Mittel-M wird die Strickschrift von links nach rechts, vor den 2 Mittel-M und am R-Ende von rechts nach links gelesen. Die ersten und die letzten 3 M sowie die 2 Mittel-M werden stets in der jeweiligen Grund-Fb gestrickt.

Es wird hier in R gestrickt.

109.–140. R: RM, 2 M kraus rechts, 1 Zun, 7 x den MS von 15 M, Zun Mittel-M, 7 x den MS von 15 M, 1 Zun, 2 M kraus rechts, RM (= 282 M).

141.–148. R in Hellblau: RM, 2 M kraus rechts, 1 U, * 3 M rechts, 2 M links *, von * bis * 27 x str, 2 M rechts, 1 U, 2 M rechts, 1 U, 2 M rechts, * 2 M links, 3 M rechts *, von * bis * 27 x str, 1 U, 2 M kraus rechts, RM (= 298 M). In den Rück-R die M str, wie sie erscheinen, die U mustergemäß verschränkt str.

Anschließend alle M mustergemäß abk.

FERTIGSTELLEN

Alle Fäden sorgfältig vernähen. Das Tuch gemäß den Herstellerangaben des Garns waschen, spannen und trocknen lassen.

LEGENDE

 = 1 Masche rechts

STRICKSCHRIFT

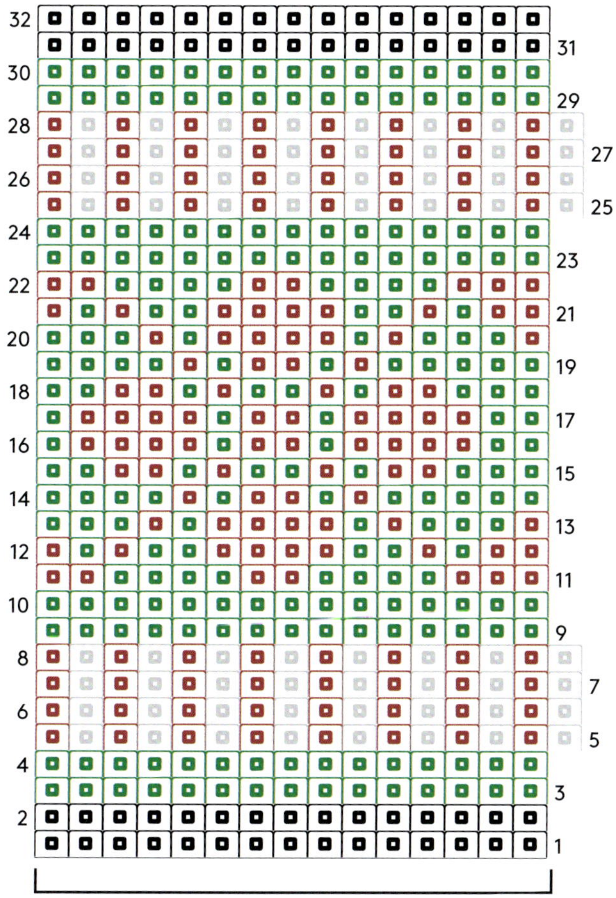

Mustersatz = 15 Maschen

HINWEIS: In der 5.–8. R und in der 25.–28. R sind es musterbedingt 16 M, dies hat keinen Einfluss auf das Muster.

REYKJA
Tuch

GRÖSSE

200 x 94 cm

MATERIAL

- Sandnes Garn Alpakka Ull (65 % Alpaka, 35 % Wolle, LL 100 m/50 g) in Sand (Fb 2650), 300 g, in Kupfer (Fb 2355), 200 g, und in Grau (Fb 1053), 100 g
- Rundstricknadeln 5,0 mm in verschiedenen Längen
- Vernähnadel
- Maschenmarkierer

FORMGEBUNG

Das Tuch wird von der breitesten Seite hin zur Spitze gestrickt. Geformt wird es durch Zun in jeder Hin-R, am R-Anfang und -Ende sowie in der Mitte durch U, die in der Rück-R verschränkt gestrickt werden.

Ab der Mittel-M wird das Tuch gegengleich gestrickt.

MUSTER

Randmaschen

Die erste M jeder R wie zum Rechtsstr abh, die letzte M jeder R rechts str.

Grundmuster – glatt rechts

In Hin-R alle M rechts str, in Rück-R alle M links str.

Kraus rechts

In Hin- und Rück-R alle M rechts str.

Fair-Isle-Muster

Nach der Strickschrift str. Es sind alle R gezeichnet. Den MS von 8 M gemäß Anleitung wdh, die 1.–20. R 1x str. Die Zun werden hier jeweils in das Muster eingefügt. Der Fair-Isle-Streifen wird in R gestrickt.

MASCHENPROBE

Glatt rechts mit Nd 5,0 mm nach dem Spannen:
20 M und 26 R = 10 x 10 cm

SO GEHT'S:

5 M in Sand in anschl.

1. R: 2 M rechts, 1 U, 1 M rechts, 1 U, 2 M rechts (= 7 M).

2. R: RM, 1 M rechts, den U rechts verschränkt abstr, 1 M rechts, den U rechts verschränkt abstr, 1 M rechts, RM.

3. R: RM, 2 M kraus rechts, 1 U, 1 M rechts, 1 U, 2 M kraus rechts, RM (= 9 M).

4. R: RM, 2 M kraus rechts, den U rechts verschränkt abstr, 1 M rechts, den U rechts verschränkt abstr, 2 M kraus rechts, RM.

5. R: RM, 2 M kraus rechts, 1 U, 1 M rechts, 1 U, 1 M rechts = Mittel-M, 1 U, 1 M rechts, 1 U, 2 M kraus rechts, RM (= 13 M).

6. R: RM, 2 M kraus rechts, den U links verschränkt abstr, 1 M links, den U links verschränkt abstr, 1 M links = Mittel-M, den U links verschränkt abstr, 1 M links, den U links verschränkt abstr, 2 M kraus rechts, RM.

7.–22. R: Wie die 5. und 6. R str (45 M).

23. R: RM, 2 M kraus rechts in Sand, 1 M rechts verschränkt aus dem QF in Sand zun, * 1 M in Grau, 1 M in Sand*, von * bis * 9x str, 1 M in Grau, 1 M aus dem QF in Sand zun, Mittel-M in Sand, 1 M aus dem QF in Grau zun, *1 M in Sand, 1 M in Grau *, von * bis * 9x str, 1 M rechts verschränkt aus dem QF in Sand zun, 2 M kraus rechts, RM in Sand (= 49 M).

24. R: Die M und Fb str, wie sie erscheinen.

25. R: RM, 2 M kraus rechts in Sand (den Faden mitführen), 1 M in Grau aus dem QF zun, 21 M in Grau, 1 M in Grau aus dem QF zun, Mittel-M in Grau, 1 M in Grau aus dem QF zun, 21 M in Grau, 2 M kraus rechts, RM in Sand (= 53 M).

26. R: RM, 2 M kraus rechts in Sand, * 1 M links in Sand, 1 M links in Grau *, von * bis * 11x str, 1 M links in Sand, Mittel-M links in Sand, * 1 M links in Sand, 1 M links in Grau *, von * bis * 11x str, 1 M links in Sand, 2 M kraus rechts, RM in Sand.

27. R: RM, 2 M kraus rechts in Sand, 1 M aus dem QF zun in Grau, * 1 M in Sand, 1 M in Grau *, von * bis * 11x str, 1 M in Sand, 1 M aus dem QF zun in Grau, Mittel-M in Sand, 1 M aus dem QF zun in Grau, * 1 M in Sand, 1 M in Grau *, von * bis * 11x str, 1 M in Sand, 1 M aus dem QF in Grau zun, 2 M kraus rechts, RM in Sand (= 57 M).

28. R in Sand: RM, 2 M kraus rechts, 50 M links, 2 M kraus rechts, RM.

29.–40. R in Sand: Wie die 5. und 6. R str (= 81 M).

41.–46. R: Wie die 23.–28. R str, hier anstelle von Grau in Kupfer arbeiten (= 93 M).

47.–58. R in Sand: Wie die 5. und 6. R str (= 117 M).

59.–64. R: Wie die 23.–28. R str (= 129 M).

65.–76. R in Sand: Wie die 5. und 6. R str (= 153 M).

77.–82. R: Wie die 23.–28. R str, hier anstelle von Grau die Farbe Kupfer verwenden (165 M).

83.–94. R in Sand: Wie die 5. und 6. R str (189 M).

95.–100. R: Wie die 23.–28. R str (201 M).

101.–112. R in Sand: Wie die 5. und 6. R str (225 M).

113.–118. R: Wie die 23.–28. R str, hier anstelle von Grau in Kupfer arbeiten (= 237 M).

119.–130. R in Sand: Wie die 5. und 6. R str (= 261 M).

FAIR-ISLE-MUSTER

HINWEIS: Hier wird nun nach der Strickschrift gestrickt. In diesem Bereich werden auch die Zun am Anfang und Ende der R (je 1 Zun) sowie vor und nach den 2 Mittel-M durch eine spezielle Zunahmetechnik gestrickt (Zun Mittel-M); für die Zun siehe auch Seite 15 und 16 im Grundlagenteil. Diese werden in das Muster eingefügt, d.h., am R-Anfang und nach der Mittel-M wird die Strickschrift von links nach rechts, vor der Mittel-M und am R-Ende von rechts nach links gelesen. Die ersten und die letzten 3 M sowie die Mittel-M werden stets in Sand gestrickt.

Es wird hier in R gestrickt.

131.–150. R: RM, 2 M kraus rechts, 1 Zun, 15x den MS von 8 M str, 1x die 1.–7. M des MS str, Zun Mittel-M, 1x die 8.–2. M des MS, 15x den MS von 8 M str, 1 Zun, 2 M kraus rechts, RM (= 301 M).

151.–162. R in Kuper: Wie die 5. und 6. R str (= 325 M).

163.–170. R: Wie die 23.–28. R str, hier anstelle von Sand in Kupfer arbeiten (= 337 M).

171.–182. R in Kupfer: Wie die 5. und 6. R str (= 361 M).

183.–190. R: RM, 2 M kraus rechts in Kupfer, 1 M rechts in Sand aus dem QF zun, * 1 M links in Kupfer, 1 M rechts in Sand*, von * bis * 88x str, 1 M links in Kupfer , 1 M rechts in Sand aus dem QF zun, Mittel-M in Kupfer, 1 M rechts in Sand aus dem QF zun, * 1 M links in Kupfer, 1 M rechts in Sand *, von * bis * 88x str, 1 M links in Kupfer, 1 M rechts in Sand aus dem QF zun, 2 M kraus rechts,

RM in Kupfer (= 377 M). In den Rück-R die M mustergemäß str. Die Zun in den Hin-R in das Muster einfügen.

Anschließend alle M in Kupfer im Muster locker abk.

FERTIGSTELLEN

Die Fäden sorgfältig vernähen. Das Tuch gemäß den Herstellerangaben des Garns waschen, spannen und trocknen lassen.

LEGENDE

▣ = 1 Masche rechts

STRICKSCHRIFT

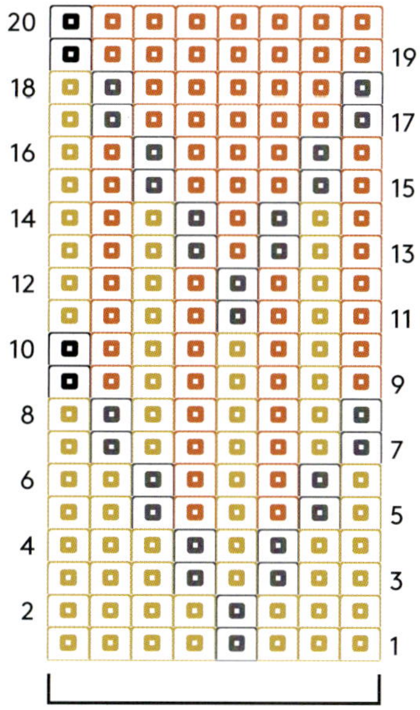

Mustersatz = 8 Maschen

Extra!

LOOP REYKJA

MATERIAL

Siehe Angaben Tuch: 1 Knäuel in Kupfer sowie Reste in Sand und Grau, Rundstricknadel 5,0 mm, 60 cm lang.

GRÖSSE

ca. 58 cm Umfang, 20 cm Höhe

SO GEHT'S:

120 M in Kupfer anschl und zur Rd schließen.

1.–5. Rd: * 1 M rechts in Sand, 1 M links in Kupfer *, von * bis * fortlaufend wdh.

6.-17. Rd in Kupfer: Alle M rechts str.

18.–19. Rd: * 1 M rechts in Grau, 1 M rechts in Kupfer *, von * bis * fortlaufend wdh.

20. Rd in Grau: Alle M rechts str.

21.–22. Rd: * 1 M rechts in Kupfer, 1 M rechts in Grau *, von * bis * fortlaufend wdh.

Die 6.–22. Rd noch 2x str, die 6.–17. Rd noch 1x str. Anschließend die 1.–5. Rd noch 1x str und alle M in Kupfer rechts abk. Fäden sorgfältig vernähen.

KEELIN

Tuch

GRÖSSE

216 x 95 cm

MATERIAL

- Pascuali Tibetan (70 % Wolle, 30 % Yakwolle, LL 125 m/50 g) in Vanillegelb (104), 300 g
- Rundstricknadeln 4,0 mm in verschiedenen Längen
- Vernähnadel
- Maschenmarkierer

FORMGEBUNG

Das Tuch wird von der breitesten Seite hin zur Spitze gestrickt. Geformt wird es durch Zun in jeder Hin-R, am R-Anfang und -Ende sowie in der Mitte durch U, die in der Rück-R verschränkt gestrickt werden. Sollten sich die U des jeweiligen Musters mit den U der Zun kreuzen, dann anstelle des U eine M verschränkt aus dem QF zun.

Ab der Mittel-M wird das Tuch gegengleich gestrickt.

MUSTER

Randmaschen

Hin-R: Die erste M wie zum Rechtsstr abh, die letzte M rechts str.

Rück-R: Die erste M wie zum Linksstr abh, die letzte M links str.

Lochmuster am rechten und linken Rand über 3 Maschen

1. R: RM, 2 M rechts zusstr, 1 U, gemäß Anleitung bis zu den letzten 3 M str, 1 U, 2 M rechts überz zusstr, RM.

2. R: RM, 1 M links, den U links abstr, gemäß Anleitung bis zu den letzten 3 M str, den U links abstr, 1 M links, RM.

3. R: RM, 2 M rechts, gemäß Anleitung bis zu den letzten 3 M str, 2 M rechts, RM.

4. R: RM, 2 M links, gemäß Anleitung bis zu den letzten 3 M str, 2 M links, RM.

Grundmuster – Rispen-Lochmuster über 11 Maschen

Das Muster gemäß den Angaben in der Anleitung wdh. Zum besseren Verständnis sind ab der 19. R die einzelnen MS in eckige Klammern gesetzt: [...].

HINWEIS: Die Hebe-M in der Hin-R rechts str, in der Rück-R wie zum Linksstr mit dem Faden vor der Arbeit abh.

1. R (Hin-R): 2 M links, 1 U, 2 M rechts überz zusstr, 1 M links, 1 M rechts (= Hebe-M), 1 M links, 2 M rechts zusstr, 1 U, 2 M links

2. R (Rück-R): 2 M rechts, den U links abstr, 1 M links, 1 M rechts, 1 M wie zum Linksstr abh (= Hebe-M), 1 M rechts, 1 M links, den U links abstr, 2 M rechts.

3. R: 2 M links, 2 M rechts, 1 M links, die Hebe-M rechts str, 1 M links, 2 M rechts, 2 M links.

4 R: 2 M rechts, 2 M links, 1 M rechts, die Hebe-M wie zum Linksstr abh, 1 M rechts, 2 M links, 2 M rechts.

MASCHENPROBE

Glatt rechts mit Nd 4,0 mm nach dem Spannen:
14 M und 30 R = 10 x 10 cm

SO GEHT'S:

3 M anschl.

1. R: RM, 1 U, 1 M rechts, 1 U, RM (= 5 M).

2. R: RM, den U links verschränkt abstr, 1 M links, den U links verschränkt abstr, RM.

3. R: RM, * 1 U, 1 M rechts *, von * bis * 3 x str, 1 U, RM (= 9 M).

4. R: RM, den U links verschränkt abstr, 1 M links, den U rechts verschränkt abstr, 1 M links = Mittel-M, den U rechts verschränkt abstr, 1 M links, den U links verschränkt abstr, RM.

5. R: RM, 2 M rechts zusstr, 1 U, 1 M links aus dem QF zun, 1 M links, 1 U, 1 M rechts = Mittel-M, 1 U, 1 M links, 1 M links aus dem QF zun, 1 U, 2 M rechts überz zusstr, RM (= 13 M).

6. R: RM, 1 M links, den U links abstr, 2 M rechts, den U rechts verschränkt abstr, Mittel-M links, den U rechts verschränkt abstr, 2 M rechts, den U links abstr, 1 M links, RM.

7. R: RM, 2 M rechts, 1 U, 3 M links, 1 U, Mittel-M rechts, 1 U, 3 M links, 1 U, 2 M rechts, RM (= 17 M).

8. R: RM, 2 M links, den U rechts verschränkt abstr, 3 M rechts, den U links verschränkt abstr, Mittel-M links, den U links verschränkt abstr, 3 M rechts, den U rechts verschränkt abstr, 2 M links, RM.

9. R: RM, 2 M rechts zusstr, 1 U, 1 M rechts aus dem QF zun, 4 M links, 1 M rechts, 1 U, Mittel-M rechts, 1 U, 1 M rechts, 4 M links, 1 M rechts aus dem QF zun, 1 U, 2 M rechts überz zusstr, RM (= 21 M).

10. R: RM, 1 M links, den U links abstr, 1 M links, 4 M rechts, 1 M links, den U links verschränkt abstr, Mittel-M links, den U links verschränkt abstr, 1 M links, 4 M rechts, 1 M links, den U links abstr, 1 M links, RM.

11. R: RM, 2 M rechts, 1 U, 1 M rechts, 4 M links, 2 M rechts, 1 U, Mittel-M rechts, 1 U, 2 M rechts, 4 M links, 1 M rechts, 1 U, 2 M rechts, RM (= 25 M).

12. R: RM, 2 M links, den U links verschränkt abstr, 1 M links, 4 M rechts, 2 M links, den U rechts verschränkt abstr, Mittel-M links, den U rechts verschränkt abstr, 2 M links, 4 M rechts, 1 M links, den U links verschränkt abstr, 2 M links, RM.

13. R: RM, 2 M rechts zusstr, 1 U, 1 M links aus dem QF zun, 2 M rechts zusstr, 1 U, 4 M links, 1 U, 2 M rechts überz zusstr, 1 M links, 1 U, Mittel-M rechts, 1 U, 1 M links, 2 M rechts zusstr, 1 U, 4 M links, 1 U, 2 M rechts überz zusstr, 1 M links aus dem QF zun, 1 U, 2 M rechts überz zusstr, RM (= 29 M).

14. R: RM, 1 M links, den U links abstr, 1 M rechts, 1 M links, den U links abstr, 4 M rechts, den U links abstr, 1 M links, 1 M rechts, den U links verschränkt abstr, Mittel-M links, den U links verschränkt abstr, 1 M rechts, 1 M links, den U links abstr, 4 M rechts, den U links abstr, 1 M links, 1 M rechts, den U links abstr, 1 M links, RM.

15. R: RM, 2 M rechts, 1 U, 1 M links, 2 M rechts, 4 M links, 2 M rechts, 1 M links, 1 M rechts, 1 U, Mittel-M, 1 U, 1 M rechts, 1 M links, 2 M rechts, 4 M links, 2 M rechts, 1 M links, 1 U, 2 M rechts, RM (= 33 M).

16. R: RM, 2 M links, den U links verschränkt abstr, 1 M rechts, 2 M links, 4 M rechts, 2 M links, 1 M rechts, 1 Hebe-M, den U rechts verschränkt abstr, Mittel-M links, den U rechts verschränkt abstr, 1 Hebe-M, 1 M rechts, 2 M links, 4 M rechts, 2 M links, 1 M rechts, den U links verschränkt abstr, 2 M links, RM.

17. R: RM, 2 M rechts zusstr, 1 U, 1 M links verschränkt aus dem QF zun, 1 M rechts, 1 M links, 2 M rechts zusstr, 1 U, 4 M links, 1 U, 2 M rechts überz zusstr, 1 M links, Hebe-M rechts, 1 M links, 1 U, Mittel-M, 1 U, 1 M links, Hebe-M rechts, 1 M links, 2 M rechts zusstr, 1 U, 4 M links, 1 U, 2 M rechts überz zusstr, 1 M links, 1 M rechts, 1 M links verschränkt aus dem QF zun, 1 U, 2 M rechts überz zusstr, RM (= 37 M).

18. R: RM, 1 M links, den U links abstr, 1 M rechts, 1 Hebe-M, 1 M rechts, 1 M links, den U links abstr, 4 M rechts, den U links abstr, 1 M links, 1 M rechts, 1 Hebe-M, 1 M rechts, den U links verschränkt abstr, Mittel-M, den U links verschränkt abstr, 1 M rechts, 1 Hebe-M, 1 M rechts, 1 M links, den U links abstr, 4 M rechts, den U links abstr, 1 M links, 1 M rechts, 1 Hebe-M, 1 M rechts, den U links abstr, 1 M links, RM.

19. R = 3. R beider Muster: RM, 2 M rechts 1 U, [1 M links, Hebe-M rechts, 1 M links, 2 M rechts, 2 M links], [2 M links, 2 M rechts, 1 M links, Hebe-M rechts, 1 M links, 1 M rechts], 1 U, Mittel-M, 1 U, [1 M rechts, 1 M links, Hebe-M rechts, 1 M links, 2 M rechts, 2 M links], [2 M links, 2 M rechts, 1 M links, Hebe-M rechts, 1 M links], 1 U, 2 M rechts, RM (= 41 M).

20. R = 4. R beider Muster: RM, 2 M links, [den U links verschränkt abstr, 1 M rechts, 1 Hebe-M, 1 M rechts, 2 M links, 2 M rechts], [2 M rechts, 2 M links, 1 M rechts, 1 Hebe-M, 1 M rechts, 1 M links, den U links verschränkt abstr], Mittel-M, [den U links verschränkt abstr], 1 M links, 1 M rechts, 1 Hebe-M, 1 M rechts, 2 M links, 2 M rechts], [2 M rechts, 2 M links, 1 M rechts, 1 Hebe-M, 1 M rechts, den U links verschränkt abstr], 2 M links, RM.

21. R = 1. R beider Muster: RM, 2 M rechts zusstr, 1 U, [1 M rechts verschränkt aus dem QF zun, 1 M rechts, 1 M links, Hebe-M rechts, 1 M links, 2 M rechts zusstr, 1 U, 2 M links], [2 M links, 1 U, 2 M rechts überz zusstr. 1 M links, Hebe-M rechts, 1 M links, 2 M rechts zusstr, 1 U, 1 M links verschränkt aus dem QF zun], Mittel-M, [1 M links verschränkt aus dem QF zun, 1 U, 2 M rechts überz zusstr, 1 M links, Hebe-M rechts, 1 M links, 2 M rechts zusstr, 1 U, 2 M links], [2 M links, 1 U, 2 M rechts überz zusstr, 1 M links, Hebe-M rechts, 1 M links, 1 M rechts, 1 M rechts aus dem QF zun], 1 U, 2 M rechts überz zusstr, RM (= 45 M).

22. R = 2. R beider Muster: RM, 1 M links, den U links abstr, [2M links, 1 M rechts, Hebe-M, 1 M rechts, 2 M links, 2 M rechts], [2 M rechts, 2 M links, 1 M rechts, 1 Hebe-M, 1 M rechts, 2 M links, 1 M rechts], Mittel-M, [1 M rechts, 2 M links, 1 M rechts, 1 Hebe-M, 1 M rechts, 2 M links, 2 M rechts], [2 M rechts, 2 M links, 1 M rechts, 1 Hebe-M, 1 M rechts, 2 M links], den U links abstr, 1 M links, RM.

23. R = 3. R beider Muster: RM, 2 M rechts, [1 U, 2 M rechts, 1 M links, Hebe-M rechts, 1 M links, 2 M rechts, 2 M links], [2 M links, 2 M rechts, 1 M links, Hebe-M rechts, 1 M links, 2 M rechts, 1 M links, 1 U], Mittel-M, [1 U, 1 M links, 2 M rechts, 1 M links, Hebe-M rechts, 1 M links, 2 M rechts, 2 M links], [2 M links, 2 M rechts, 1 M links, Hebe-M rechts, 1 M links, 2 M rechts, 1 U], 2 M rechts, RM (= 49 M).

HINWEIS: Zur besseren Übersicht ist in der folgenden R ein vollständiger MS fett hervorgehoben.

24. R = 4. R beider Muster: RM, 2 M links, [den U rechts verschränkt abstr, 2 M links, 1 M rechts, 1 Hebe-M, 1 M rechts, 2 M links, 2 M rechts], **[2 M rechts, 2 M links, 1 M rechts, 1 Hebe-M, 1 M rechts, 2 M links, 1 M rechts, den U rechts verschränkt abstr]**, Mittel-M, **[den U rechts verschränkt abstr, 1 M rechts, 2 M links, 1 M rechts, 1 Hebe-M, 1 M rechts, 2 M links, 2 M rechts]**, [2 M rechts, 2 M links, 1 M rechts, 1 Hebe-M, 1 M rechts, 2 M links, den U rechts verschränkt abstr], 2 M links, RM.

25.–172. R: Das Muster nach diesem Prinzip fortführen. Das Grundmuster sowie das Lochmuster über die ersten und letzten 3 M beginnen hier bei der 1. R des Musters (= 341 M).

173.–180. R: Die Zun weiterführen, das Muster in der vorherigen Einteilung weiterstr, jedoch mit folgenden M des Grundmusters: 2 M links, 2 M rechts, 1 M links, 1 M rechts, 1 M links, 2 M rechts, 2 M links (= 357 M).

181. und 182. R: RM, 2 M rechts verschränkt zusstr, 1 U, 1 M rechts verschränkt aus dem QF zun, 175 M kraus rechts, 1 U, Mittel-M, 1 U, 175 M kraus rechts, 1 M rechts verschränkt aus dem QF zun, 1 U, 2 M rechts überz zusstr (= 361 M).

183. R: RM, 2 M rechts, 1 U, * 2 M rechts überz zusstr, 1 U *, von * bis * 177 x str, 1 M rechts verschränkt aus dem QF zun, Mittel-M, 1 M rechts verschränkt aus dem QF zun, * 1 U, 2 M rechts überz zusstr *, von * bis * 177 x str, 1 U, 2 M rechts, RM (= 365 M).

184. R: RM, 2 M links, 359 M rechts (U rechts abstr), 2 M links, RM.

185. R: RM, 2 M rechts verschränkt zusstr, 1 U, 1 M rechts verschränkt aus dem QF zun, 179 M rechts, 1 U, Mittel-M, 1 U, 179 M rechts, 1 M rechts verschränkt aus dem QF zun, 1 U, 2 M rechts überz zusstr, RM (= 369 M).

Anschließend alle M rechts abk.

FERTIGSTELLEN

Alle Fäden sorgfältig vernähen. Das Tuch gemäß den Herstellerangaben des Garns waschen, spannen und trocknen lassen.

LOOP KEELIN

Extra!

MATERIAL

Siehe Angaben Tuch: ein Rest davon oder 1 Strang, Rundstricknadel 4,0 mm, 50–60 cm lang.

GRÖSSE

Ungespannt ca. 56 cm Umfang, 40 cm Höhe

SO GEHT'S:

121 M anschl und zur Rd schließen.

1.–10. Rd: * 2 M links, 2 M rechts, 1 M links, 1 M rechts, 1 M links, 2 M rechts, 2 M links *, von * bis * 11x str.

11.–14. Rd: Gemäß der Beschreibung auf Seite 95 das Rispen-Lochmuster str, hier jedoch in der 2. Rd des Musters die U rechts str, in der 2. und 4. Rd die Hebe-M wie zum Rechtsstr abh, der Faden liegt dabei hinter der Arbeit.

Die 11.–14. Rd: Beliebig oft wdh, anschließend noch 1x die 1.–10. Rd str.

Danach alle M mustergemäß abk und die Fäden sorgfältig vernähen.

ISGARD

Tuch

GRÖSSE

206 x 93 cm

MATERIAL

- Sandnes Garn Fritidsgarn (100 % norwegische Wolle, LL 70 m/50 g) in Orange (Fb 3326), 350 g
- Rundstricknadeln 6,0 mm in verschiedenen Längen
- Vernähnadel

FORMGEBUNG

Das Tuch wird von der breitesten Seite hin zur Spitze gestrickt. Geformt wird es durch Zun in jeder Hin-R, am R-Anfang und -Ende sowie in der Mitte durch U, die in der Rück-R verschränkt gestrickt werden.

Ab der Mittel-M wird das Tuch gegengleich gestrickt.

MUSTER

Randmaschen

Die erste M jeder R wie zum Rechtsstr abh, die letzte M jeder R rechts str.

Glatt links

In Hin-R alle M links str, in Rück-R alle M rechts str.

Plastisches Ährenmuster

1.–5. R: 7 M glatt links, 1 M rechts (im Anleitungstext fett hervorgehoben).

6. R: 7 M glatt links, mit der rechten Nd in die rechte M 5 R tiefer einstechen, den Faden durchholen und lang ziehen, in die rechte M 4 R tiefer einstechen, den Faden durchholen und lang ziehen, nun in die rechte M 3 R tiefer und den Faden durchholen, in die rechte M 2 R tiefer und den Faden durchholen, in die rechte M 1 R tiefer und den Faden durchholen und in die aktuelle M einstechen und den Faden durchholen (die Fadenlänge jeweils anpassen). Nun mit der linken Nd den rechten äußeren Faden über die vorherigen 5 Fäden heben, wiederum den rechten äußeren Faden über die vorherigen 4 Fäden heben usw., bis nur noch die aktuelle M übrig ist (in der Anleitung als Ähre bezeichnet).

In der nächsten Rück-R werden die Ähren versetzt gestrickt: 3 M links, 1 M rechts, 7 M links, 1 M rechts usw. Siehe nachfolgende Anleitung (im Text fett hervorgehoben).

MASCHENPROBE

Glatt links mit Nd 6,0 mm nach dem Spannen:
12 M und 20 R = 10 x 10 cm

SO GEHT'S:

3 M anschl.

1. R: 1 M rechts, 1 U, 1 M links, 1 U, 1 M rechts (= 5 M).

2. R: RM, den U links verschränkt abstr, 1 U, 1 M rechts = Mittel-M, 1 U, den U links verschränkt abstr, RM (= 7 M).

3. R: RM, 1 M rechts, den U rechts verschränkt abstr, Mittel-M links, den U rechts verschränkt abstr, 2 M rechts.

4. R: RM, 1 M links, 1 U, 1 M links, 1 U, Mittel-M rechts, 1 U, 1 M links, 1 U, 1 M links, RM (= 11 M).

5. R: RM, 1 M rechts, den U rechts verschränkt abstr, **1 M links**, den U rechts verschränkt abstr, Mittel-M links, den U rechts verschränkt abstr, **1 M links**, den U rechts verschränkt abstr, 1 M rechts, RM.

6. R: RM, 1 M links, 1 U, 1 M links, **1 M rechts**, 1 M links, 1 U, Mittel-M rechts, 1 U, 1 M links, **1 M rechts**, 1 M links, 1 U, 1 M links, RM (= 15 M).

7. R: RM, 1 M rechts, den U rechts verschränkt abstr, 1 M rechts, **1 M links**, 1 M rechts, den U rechts verschränkt abstr, Mittel-M links, den U rechts verschränkt abstr, 1 M rechts, **1 M links**, 1 M rechts, den U rechts verschränkt abstr, 1 M rechts, RM.

8. R: RM, 1 M links, 1 U, 2 M links, **1 M rechts**, 2 M links, 1 U, Mittel-M rechts, 1 U, 2 M links, **1 M rechts**, 2 M links, 1 U, 1 M links, RM (= 19 M).

9. R: RM, 1 M rechts, den U rechts verschränkt abstr, 2 M rechts, **1 M links**, 2 M rechts, den U rechts verschränkt abstr, Mittel-M links, den U rechts verschränkt abstr, 2 M rechts, **1 M links**, 2 M rechts, den U rechts verschränkt abstr, 2 M rechts.

10. R: RM, 1 M links, 1 U, 3 M links, **Ähre**, 3 M links, 1 U, Mittel-M rechts, 1 U, 3 M links, **Ähre**, 3 M links, 1 U, 1 M links, RM (= 23 M).

11. R: RM, 1 M rechts, **den U links verschränkt abstr**, 7 M rechts, **den U links verschränkt abstr**, Mittel-M links, **den U links verschränkt abstr**, 7 M rechts, **den U links verschränkt abstr**, 1 M rechts, RM.

12. R: RM, 1 M links, 1 U, **1 M rechts**, 7 M links, **1 M rechts**, 1 U, Mittel-M rechts, 1 U, **1 M rechts**, 7 M links, **1 M rechts**, 1 U, 1 M links, RM (= 27 M).

13. R: RM, 1 M rechts, den U rechts verschränkt abstr, **1 M links,** 7 M rechts, **1 M links**, den U rechts verschränkt abstr, Mittel-M links, den U rechts verschränkt abstr, **1 M links**, 7 M rechts, **1 M links**, den U rechts verschränkt abstr, 1 M rechts, RM.

14. R: RM, 1 M links, 1 U, 1 M links, **1 M rechts**, 7 M links, **1 M rechts**, 1 M links, 1 U, Mittel-M rechts, 1 U, 1 M links, **1 M rechts**, 7 M links, **1 M rechts**, 1 M links, 1 U, 1 M links, RM (= 31 M).

15. R: RM, 1 M rechts, den U rechts verschränkt abstr, 1 M rechts, **1 M links**, 7 M rechts, **1 M links**, 1 M rechts, den U rechts verschränkt abstr, Mittel-M links, den U rechts verschränkt abstr, 1 M rechts, **1 M links**, 7 M rechts, **1 M links**, 1 M rechts, den U rechts verschränkt abstr, 1 M rechts, RM.

16. R: RM, 1 M links, 1 U, 2 M links, **Ähre**, 7 M links, **Ähre**, 2 M links, 1 U, Mittel-M rechts, 1 U, 2 M links, **Ähre**, 7 M links, **Ähre**, 2 M links, 1 U, 1 M links, RM (= 35 M).

17. R: RM, 1 M rechts, den U rechts verschränkt abstr, 6 M rechts, **1 M links**, 6 M rechts, den U rechts verschränkt abstr, Mittel-M links, den U rechts verschränkt abstr, 6 M rechts, **1 M links**, 6 M rechts, den U rechts verschränkt abstr, 1 M rechts, RM.

18.–21. R: Wie die 17. R str, in den Hin-R die U rechts verschränkt str (= 43 M).

22. R: RM, 1 M links, 1 U, 9 M links, **Ähre**, 9 M links, 1 U, Mittel-M rechts, 1 U, 9 M links, **Ähre**, 9 M links, 1 U, 1 M links, RM (= 47 M).

23. R: RM, 1 M rechts, den U rechts verschränkt abstr, 5 M rechts, **1 M links**, 7 M rechts, **1 M links**, 5 M rechts, den U rechts verschränkt abstr, Mittel-M, den U rechts verschränkt abstr, 5 M rechts, **1 M links**, 7 M rechts, **1 M links**, 5 M rechts, den U rechts verschränkt abstr, 1 M rechts, RM.

24.–27. R: Wie die 23. R, in den Hin-R die U rechts verschränkt str (= 55 M).

28. R: RM, 1 M links, 1 U, 8 M links, **Ähre**, 7 M links, **Ähre**, 8 M links, 1 U, Mittel-M rechts, 1 U, 8 M links, **Ähre**, 7 M links, **Ähre**, 8 M links, 1 U, 1 M links, RM (= 59 M).

29. R: RM, 1 M rechts, den U rechts verschränkt abstr, 4 M rechts, * **1 M links**, 7 M rechts *, von * bis * 2x str, **1 M links**, 4 M rechts, den U rechts verschränkt abstr, Mittel-M links, den U rechts verschränkt abstr, 4 M rechts, **1 M links**, * 7 M rechts, **1 M links** *, von * bis * 2x str, 4 M rechts, den U rechts verschränkt abstr, 1 M rechts, RM.

30.–34. R: Gemäß der 24.–28 R str (= 71 M).

35.–124. R: Gemäß der 29.–34. R str, das Muster jeweils nach 6 R versetzen (15x) (= 251 M).

125. R: Alle M rechts, die U rechts verschränkt abstr.

126. R: Alle M links str (= 255 M).

127. R: Alle M rechts, die U rechts verschränkt abstr.

128. R: Alle M links str (= 259 M).

Anschließend alle M links elastisch abk: 1 M links str, den U links verschränkt abstr str, mit der rechten Nd von hinten in diese beide M stechen und diese links zusstr. * Die nächste M links str, beide M der rechten Nd nun wieder auf die linke Nd heben und links zusstr *, von * bis * wdh, bis alle M abgekettet sind.

FERTIGSTELLEN

Alle Fäden sorgfältig vernähen. Das Tuch gemäß den Herstellerangaben des Garns waschen, spannen und trocknen lassen.

LOOP ISGARD

MATERIAL

Siehe Angabe Tuch: 2 Knäuel, 1 Rundstricknadel 6,0 mm, 60 cm lang

GRÖSSE

ca. 60 cm Umfang, 28 cm Höhe

SO GEHT'S:

80 M anschl und zur Rd schließen. 1 Rd linke M str.

Anschließend im auf Seite 105 angebenenen plastischen Ährenmuster str, dabei den MS von 8 M 10 x in der Rd str, die 1.–6. R des Musters fortlaufend wdh, dabei jeweils das Muster versetzen.

Nach der gewünschten Höhe die M links abk und die Fäden sorgfältig vernähen.

ISLA

Tuch

GRÖSSE

200 x 100 cm

MATERIAL

- Lang Yarns Cashmere Premium (100 % Kaschmir, LL 115 m/25 g) in Hellgrau (Fb 23), 175 g, in Anthrazit (Fb 05), 50 g, in Orange (Fb 159), Rot (Fb 60) und Smaragd (Fb 73), je 25 g
- Rundstricknadeln 3,5 mm in verschiedenen Längen
- Vernähnadel
- Schere
- Maschenmarkierer

FORMGEBUNG

Das Tuch wird von der breitesten Seite hin zur Spitze gestrickt. Geformt wird es durch Zun in jeder Hin-R, am R-Anfang und -Ende sowie in der Mitte durch U, die in der Rück-R verschränkt gestrickt werden.

Ab der Mittel-M wird das Tuch gegengleich gestrickt.

MUSTER

Randmaschen

Die erste M jeder R wie zum Rechtsstr abh, die letzte M jeder R rechts str.

Grundmuster – glatt rechts

In Hin-R alle M rechts str, in Rück-R alle M links str.

Kraus rechts

In Hin- und Rück-R alle M rechts str.

Fair-Isle-Muster

Den ersten Fair-Isle-Streifen nach Strickschrift 1 str: Der MS geht von der 1.–14. Rd über 8 M und von der 15.–22. Rd über 6 M, jeweils bei der 1. M beginnen. Den MS jeweils gemäß Anleitung wdh, die 1.–22. Rd 1x str.

Den zweiten Fair-Isle-Streifen nach Strickschrift 2 str: Den MS von 4 M gemäß Anleitung wdh, die 1.–7. Rd 4x str. Die Zun werden hier jeweils in das Muster eingefügt.

Steekmaschen: Die StM glatt rechts wie folgt str: * 1 M in Orange bzw. in Rot oder in Smaragd, 1 M in Hellgrau *, von * bis * 5x str, 1 M in Orange bzw. in Rot oder in Smaragd.

Ähren-Lochmuster

Nach Strickschrift 3 str. Hier sind nur die Hin-R gezeichnet. In den Rück-R die M str, wie sie erscheinen, die U links str. Den MS von 10 M gemäß Anleitung wdh, die 1.–16. R 3x str.

MASCHENPROBE

Glatt rechts mit Nd 3,5 mm nach dem Spannen:
20 M und 30 R = 10 x 10 cm

SO GEHT'S:

5 M in Hellgrau in anschl.

1. R: 2 M abh, 1 U, 1 M rechts, 1 U, 2 M rechts (= 7 M).

2. R: RM, 1 M rechts, den U rechts verschränkt abstr, 1 M rechts, den U rechts verschränkt abstr, 1 M rechts, RM.

3. R: RM, 2 M kraus rechts, 1 U, 1 M rechts, 1 U, 2 M kraus rechts, RM (= 9 M).

4. R: RM, 2 M kraus rechts, den U rechts verschränkt abstr, 1 M rechts, den U rechts verschränkt abstr, 2 M kraus rechts, RM.

5. R in Anthrazit: RM, 2 M kraus rechts, 1 U, 1 M rechts, 1 U, 1 M rechts = Mittel-M, 1 U, 1 M rechts, 1 U, 2 M kraus rechts, RM (13 M).

6. R: RM, 2 M kraus rechts, den U links verschränkt abstr, 1 M links, den U links verschränkt abstr, 1 M links = Mittel-M, den U links verschränkt abstr, 1 M links, den U links verschränkt abstr, 2 M kraus rechts, RM.

7. und 8. R in Hellgrau: Wie die 5. und 6. R str (= 17 M).

9.–72. R: Die 5.–8. R 16 x wdh (= 145 M).

73. und 74. Rd in Anthrazit: Wie die 5. und 6. R str (= 149 M).

75.–78. R in Hellgrau: Wie die 5. und 6. R str (= 157 M).

79. R in Anthrazit: Wie die 5. R str, zusätzlich 11 StM anschl und die Arbeit zur Rd schließen (= 161 M + 11 StM).

ERSTER FAIR-ISLE-STREIFEN (NACH STRICKSCHRIFT 1)

HINWEIS: In diesem Bereich werden auch die Zun am Anfang und Ende der Rd durch eine spezielle Zunahmetechnik gestrickt (für die Zun siehe auch Seite 15 und 16 im Grundlagenteil). Die Zun werden in das Muster eingefügt, d. h., am R-Anfang und nach der Mittel-M wird die Strickschrift von links nach rechts, vor der Mittel-M und am R-Ende von rechts nach links gelesen. Die ersten und die letzten 3 M sowie die Mittel-M werden stets in der jeweiligen Grund-Fb gestrickt.

80.–101. Rd: 3 M kraus rechts, 1 Zun, 9 x den MS von 8 M, 1 x die 1.–5. M des MS, Zun Mittel-M, 1 x die 5.–1. M des MS, 9 x den MS von 8 M, 1 Zun, 3 M kraus rechts, 11 StM (205 + 11 StM).

102. Rd in Anthrazit: Wie die 5. R str, die StM abk und wieder in R str.

103.–106. R in Hellgrau: Wie die 5. und 6. R str (= 213 M).

107.–114. R: Wie die 5.–8. R str (= 245 M).

115.–116. R in Anthrazit: Wie die 5. und 6. R str (= 249 M).

117.–120. R in Hellgrau: Wie die 5. und 6. R str (= 257 M).

ZWEITER FAIR-ISLE-STREIFEN (NACH STRICKSCHRIFT 2)

Hinweis: Die Zun, die 3 M kraus rechts beidseitig für den Rand und die Mittel-M gemäß dem ersten Fair-Isle-Streifen str.

Nach der ersten R zusätzlich 11 StM anschl und die Arbeit zur Rd schließen.

121.–148. Rd: 3 M kraus rechts, 1 Zun, 31 x den MS von 4 M, 1 x die 1. M des MS, Zun Mittel-M, 1 x die 4. M des MS, 31 x den MS von 4 M, 1 Zun, 3 M kraus rechts, 11 StM (313 M + 11 StM). Nach der letzten Rd die StM abk und wieder in R str.

149.–152. R in Hellgrau: Wie die 5. und 6. R str (= 265 M).

Ähren-Lochmuster:

153.–200. R in Hellgrau: Nach Strickschrift 3 str: RM, 2 M kraus rechts, 1 U, 12 x den MS von 10 M, 1 x 1.–9. M des MS str, 1 U, 1 Mittel-M, 1 U, 1 x die 10.–2. M des MS str, 12 x den MS von 10 M, 1 U, 2 M kraus rechts, RM (= 361 M).

In den Rück-R die U für die Zun verschränkt str, dabei darauf achten, dass sich diese nicht mit dem Muster überkreuzen.

201. und 202. R: 1 x die 1. und 2. R (Hin- und Rück-R) des Musters gemäß der vorherigen Einteilung str (= 365 M).

Anschließend alle M mit einem zweifarbigen I-Cord abk: 3 M in Anthrazit vor der Arbeit anschl. Die ersten 2 M in Anthrazit rechts str, die 3. M mit der 1. M der linken Nd rechts verschränkt zusstr. * Diese 3 M wieder nach und nach auf die linke Nd legen, Faden hängen lassen. Nun den hellgrauen Faden unter dem Faden in Anthrazit nach vorn holen, die ersten 2 M der linken Nd rechts str, die 3. und 4. M rechts verschränkt zusstr *. Den Arbeitsschritt von * bis * wdh, bis alle M abgekettet sind. Dabei jeweils die Fb wie zuvor beschrieben im Wechsel str. Zuletzt die verbleibenden 3 M rechts zusstr.

FERTIGSTELLEN

Die StM sichern und durchtrennen (siehe Seite 21 und 22 im Grundlagenteil). Anschließemd die StM doppelt nach innen umschlagen und am Tuch mit kleinen Stichen festnähen.

Die Fäden sorgfältig vernähen. Das Tuch gemäß den Herstellerangaben des Garns waschen, spannen und unter feuchten Tüchern trocknen lassen.

LEGENDE

= 1 Masche rechts

= 1 Masche links

= 1 Umschlag

= 2 Maschen rechts überzogen zusammenstricken: 1 Masche abheben, 1 Masche rechts stricken, dann die abgehobene Masche über die gestrickte ziehen

= 2 Maschen rechts zusammenstricken

STRICKSCHRIFT 1

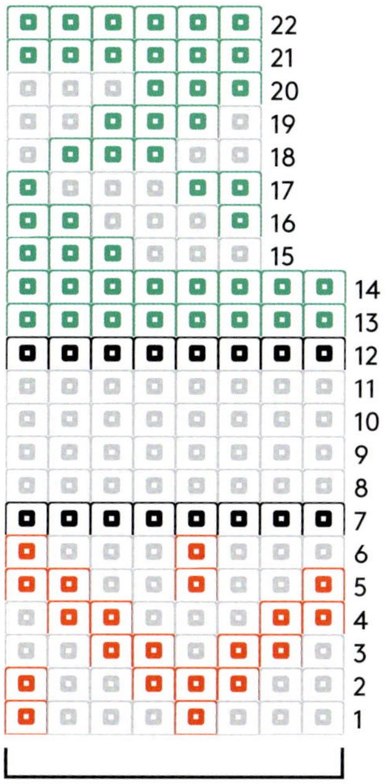

Mustersatz zu Beginn = 8 Maschen

STRICKSCHRIFT 2

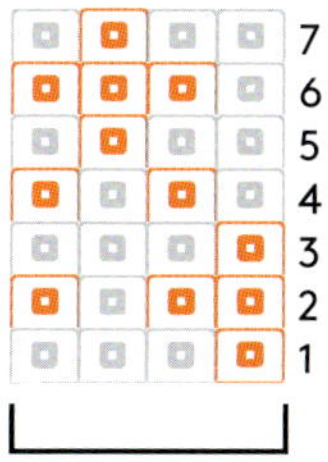

Mustersatz = 4 Maschen

STRICKSCHRIFT 3

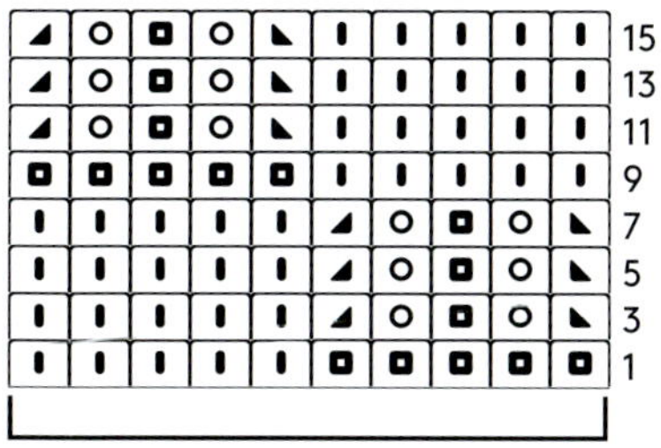

Mustersatz = 10 Maschen

SIRI

Tuch

GRÖSSE

192 x 80 cm

MATERIAL

- Rowan Softyak DK (76 % Baumwolle, 15 % Yak, 9 % Nylon, LL 135 m/50 g) in Grau (Fb 230), 250 g, in Gelb (Fb 252), 200 g, und in Schwarz (Fb 250), 50 g
- Rundstricknadeln 4,0 mm in verschiedenen Längen
- Nadelspiel 4,0 mm
- Schere
- Vernähnadel
- Maschenmarkierer

FORMGEBUNG

Das Tuch wird von der Spitze bis hin zur längsten Seite gestrickt. Es bekommt seine Form durch seitliche Zun in jeder Rd mit einer speziellen Technik (für die Zun siehe Seite 15 im Grundlagenteil).

MUSTER

Grundmuster – glatt rechts

In Rd alle M rechts str.

Fair-Isle-Muster

Das Tuch wird komplett im Fair-Isle-Muster in Rd gestrickt, verbunden mit einem Steek. Das Muster ist in Strickschriften dargestellt, die gemäß der Anleitung wiederholt werden. Die erste und letzte M wird in den Muster-Rd in Grau, in den Uni-Rd in der jeweiligen Fb gestrickt.

Strickschrift 1: Es sind alle Rd gezeichnet. Den MS von 4 M bzw. 12 M und die 1.–32. Rd gemäß Anleitung wdh.

Strickschrift 2: Es sind alle Rd gezeichnet. Den MS von 24 M und die 1.–23. Rd gemäß Anleitung wdh.

Steekmaschen: Die StM glatt rechts wie folgt str: * 1 M in Gelb, 1 M in Grau *, von * bis * 2x str, 1 M in Gelb, in Uni-Rd in der jeweiligen Fb str.

MASCHENPROBE

Glatt rechts mit Nd 4,0 mm: 22 M und 30 R = 10 x 10 cm

SO GEHT'S:

3 M in Gelb mit 2 Nd des Nd-Spiels anschl.

1. R: 1 M rechts, 1 U, 1 M rechts, 1 U, 1 M rechts (= 5 M).

2. R: 1 M links, den U links verschränkt abstr, 1 M links, den U links verschränkt abstr, 1 M links.

3. R: 1 M rechts, * 1 U, 1 M rechts *, von * bis * 4x str (= 9 M).

4. R: 1 M links, * den U links verschränkt abstr, 1 M links *, von * bis * 4x str.

5. R in Grau: 1 M rechts, 1 U, 7 M rechts, 1 U, 1 M rechts. (= 11 M).

6. R in Grau: 1 M links, den U links verschränkt abstr, 7 M links, den U links verschränkt abstr, 1 M links.

7. R = Zeile 4 von Strickschrift 1: 1 M in Grau, 1 Zun in Grau, 2x den MS von 4 M, 1. M des MS, 1 Zun in Grau, 1 M in Grau, 5 StM zusätzlich anschl und die Arbeit zur Rd schließen (= 13 M + 5 StM). Die M entsprechend auf dem Nd-Spiel verteilen.

8.–20. Rd nach Strickschrift 1, Zeile 5–17: Grundsätzlich wie die 7. Rd str, die Zun in das Muster einfügen (= 39 M + 5 StM).

21.–35. Rd nach Strickschrift 1, Zeile 18–32: 1 M in Grau, 1 Zun, 3x den MS von 12 M, 1x die 1. M des MS, 1 Zun, 1 M in Grau, 5 StM (= 69 M + 5 StM).

36.–58. Rd nach Strickschrift 2: 1 M Grau, 1 Zun, 1x die 15.–24. M des MS, 2x den MS über 24 M, 1x die 1.–9. M des MS, 1 Zun, 1 M in Grau, 5 StM (= 115 M).

59.–75. Rd nach Strickschrift 1, Zeile 1–17: 1 M in Grau, 1 Zun, 28x den MS von 4 M, 1x die 1. M des MS, 1 Zun, 1 M in Grau, 5 StM (= 149 M + 5 StM).

76.–90. Rd nach Strickschrift 1, Zeile 18–32: 1 M in Grau, 1 Zun, 1x die 10. und 11. M des Ms, 13x den MS über 11 M, 1x die 1. und 2. M des MS, 1 Zun, 1 M in Grau, 5 StM (= 179 M + 5 StM).

91.–113. Rd nach Strickschrift 2: 1 M in Grau, 1 Zun, 1x die 20.–24. M des MS, 7x den MS über 24 M, 1x die 1.–4. M des MS, 1 Zun, 1 M in Grau, 5 StM (= 225 M + 5 StM).

114.–177. Rd nach Strickschrift 1, Zeile 1–16: 1 M in Grau, 1 Zun, 1x die 3. und 4 M des MS, 55x den MS von 4 M, 1x die 1. M des MS, 1 Zun, 1 M in Grau, 5 StM (= 353 M + 5 StM).

178.–193. Rd nach Strickschrift 1, Zeile 17–32: 1 M in Grau, 1 Zun, 1x 11.–12. M des MS, 29x den MS von 12 M, 1x die 1. M des MS, 1 Zun, 1 M in Grau, 5 StM (= 385 M+ 5 StM).

194.–216. Rd nach Strickschrift 2: 1 M in Grau, 1 Zun = 1. M des MS,1x die 2.–24. M des MS, 15x dem MS von 24 M, 1 Zun, 1 M in Grau, 5 StM (= 431 M + 5 StM).

227. Rd: Alle M und Zun in Gelb str (= 433 M + 5 StM).

228. und 229. Rd: Alle M und Zun in Grau str (= 437 M), die StM abk.

Anschließend alle M rechts abk.

FERTIGSTELLEN

Die StM sichern und durchtrennen (siehe Seite 21 und 22 im Grundlagenteil).

Das Tuch wird mit einem I-Cord in Schwarz umrandet. Dafür mit 2 Nd des Nd-Spiels an der linken Schrägseite beginnen und 3 M in Schwarz anschl und mit der gleichen Nd aus der 1. StM eine M aufnehmen = 4 M. * Die Nd zurückschieben, die 1. und 2. M rechts str, die 3. und 4. M rechts verschränkt zusstr, aus der nächsten StM eine M aufnehmen *. Die Arbeitsschritte von * bis * fortlaufend wdh, bis das komplette Tuch umrandet ist. Aus den Schrägseiten wird aus jeder StM eine M aufgenommen, aus der geraden Abschlusskante wird aus je 3 RM eine M aufgenommen, 1 RM wird übersprungen. Die letzten 3 M rechts zusstr und sauber an den Anfang nähen. Die StM nach innen umschlagen und am Tuch feststecken.

Der Steek wird durch eine Strickblende versäubert. Dafür jeweils in Grau 6 M anschl und diese in der Länge der Längsseiten str. Die Blenden nun über die StM legen und mit kleinen Stichen am Tuch festnähen.

Die Fäden sorgfältig vernähen. Das Tuch gemäß den Herstellerangaben des Garns waschen, spannen und unter feuchten Tüchern trocknen lassen.

LEGENDE

 = 1 Masche rechts

STRICKSCHRIFT 1

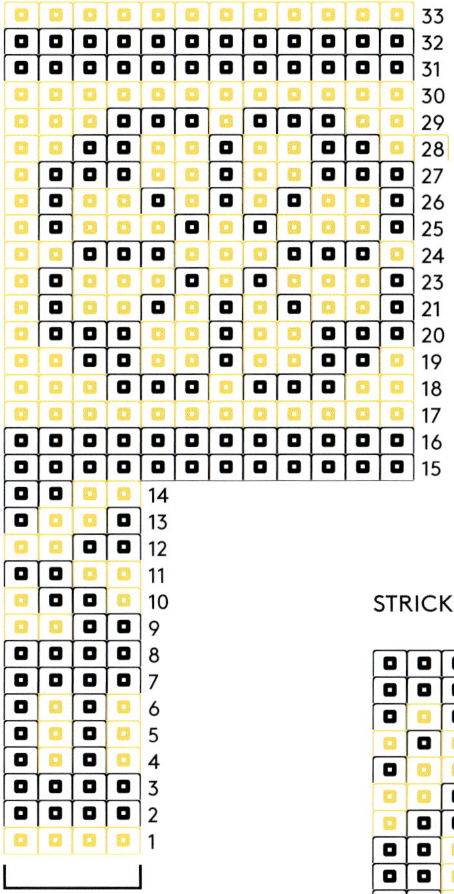

Mustersatz zu Beginn
= 4 Maschen

STRICKSCHRIFT 2

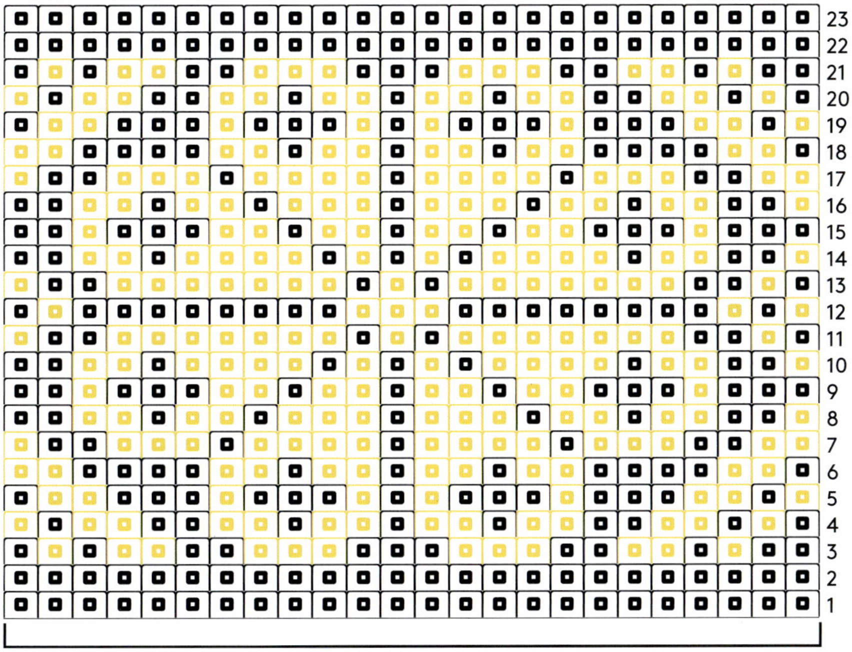

Mustersatz = 24 Maschen

MAYA
Tuch

GRÖSSE

160 x 105 cm

MATERIAL

- Rauwerk Wolle 2ply (100 % Merino, 300 m/100 g) 3 Stränge in Sand, 1 Strang in Obsidian
- Rundstricknadeln 4,0 mm in verschiedenen Längen
- Häkelnadel 3,5 mm
- Vernähnadel
- Schere
- Maschenmarkierer

FORMGEBUNG

Das Tuch wird von der Spitze hin zur längsten Seite gestrickt. Geformt wird es durch Zun an den Seiten durch einen U, der in den Rück-R verschränkt gestrickt wird.

MUSTER

Randmaschen

Die erste M jeder R wie zum Rechtsstr abh, die letzte M jeder R rechts str.

Kraus rechts

In Hin- und Rück-R alle M rechts str.

Glatt rechts

In Hin-R alle M rechts str, in Rück-R alle M links str.

Grundmuster

Siehe Strickschrift 1. Es sind nur die Hin-R gezeichnet, in den Rück-R die M mustergemäß str. Den MS von 16 M und die 1.–24. R gemäß Anleitung wdh. Die Zun jeweils in das Muster einfügen. Am Anfang der R die Strickschrift hierzu von links nach rechts, am Ende der R von rechts nach links lesen. In der 4.–6. R beginnt die Vorbereitung auf den MS, zur Verdeutlichung in der Anleitung fett hervorgehoben. In der 7.–10. R werden die einzelnen MS durch eckige Klammern gekennzeichnet: [...].

Fair-Isle-Muster

Nach Strickschrift 2 str. Es sind alle Rd gezeichnet. Den MS von 24 M gemäß Anleitung wdh. Die 1.–20. Rd insgesamt 1x str. Die Zun werden in jeder 2. Rd nach einer speziellen Technik gestrickt und wie zuvor beschrieben in das Muster eingefügt (für die Zun siehe Seite 15 im Grundlagenteil). Die 3 kraus rechten M zu Anfang und Ende der Rd werden stets in Obsidian gestrickt.

Steekmaschen: Die StM glatt rechts wie folgt str: * 1 M in Sand, 1 M in Obsidian *, von * bis * 5x str, 1 M in Sand.

Noppe

Mit der Häkel-Nd in das angegebene M-Glied stechen, eine Schlinge durchziehen, * den Faden um die Häkel-Nd legen, erneut in dieselbe M einstechen und den Faden durchziehen *, von * bis * noch 2x wdh. Den Arbeitsfaden durch alle auf der Häkel-Nd liegenden Schlingen ziehen, den Faden noch einmal um die Häkel-Nd und durch die einzelne Schlinge ziehen. Nun von hinten in die M unterhalb der Noppe einstechen, den Faden holen und durch beide Schlingen ziehen. Die Noppe auf die rechte Strick-Nd legen.

MASCHENPROBE

Glatt rechts mit Nd 4,0 mm: 18 M und 30 R = 10 x 10 cm

SO GEHT'S:

5 M in Sand anschl.

Rück-R: RM, 3 M rechts, RM.

1. R (Hin-R): RM, 1 M rechts, 1 U, 1 M rechts, 1 U, 1 M rechts, RM (= 7 M).

2. R: RM, 1 M rechts, den U rechts verschränkt abstr, 1 M rechts, den U rechts verschränkt abstr, 1 M rechts, RM.

3. R: RM, 2 M rechts, 1 U, 1 M rechts, 1 U, 2 M rechts, RM (= 9 M).

4. R: RM, 2 M kraus rechts, den U rechts verschränkt abstr, **1 M links**, den U rechts verschränkt abstr, 2 M kraus rechts, RM.

5. R: RM, 2 M kraus rechts, 1 U, **1 M kraus rechts, 1 M rechts, 1 M kraus rechts**, 1 U, 2 M kraus rechts, RM (= 11 M).

6. R: RM, 2 M kraus rechts, den U rechts verschränkt abstr, **1 M kraus rechts, 1 M links, 1 M kraus rechts**, den U rechts verschränkt abstr, 2 M kraus rechts, RM.

7. R: Beginn der Strickschrift 1. RM, 2 M kraus rechts, 1 U, [2 M rechts zusstr, 1 U, 1 M rechts, 1 U, 2 M rechts überz zusstr = 3.–7. M des MS/Zeile 1], 1 U, 2 M kraus rechts, RM (= 13 M).

8. R: RM, 2 M kraus rechts, den U rechts verschränkt abstr, [1 M links, den U links verschränkt abstr, 1 M links, den U links verschränkt abstr, 1 M links], den U rechts verschränkt abstr, 2 M kraus rechts, RM.

9. R: RM, 2 M kraus rechts, 1 U, [2 M rechts zusstr, 1 U, 3 M rechts, 1 U, 2 M rechts überz zusstr = 2.–8. M des MS/Zeile 2], 1 U, 2 M kraus rechts, RM (= 15 M).

10. R: RM, 2 M kraus rechts, den U rechts verschränkt abstr, [1 M links, den U links verschränkt abstr, 3 M links, den U links verschränkt abstr, 1 M links], den U rechts verschränkt abstr, 2 M rechts, RM.

11.–258. R: Wie in der 7.–10. R beschrieben, das Muster gemäß der Strickschrift weiterführen und die Zun wie oben beschrieben in das Muster einfügen (= 263 M).

Biese:

259.–264. R: Alle M glatt rechts str ohne Zun (= 263 M).

265. R: Die 1. M der R mit dem ersten M-Bogen aus der 259. R rechts zusstr. Diesen Schritt mit allen folgenden M und M-Bogen der 259. R bis zum R-Ende wdh.

266. R: Alle M links str.

267. R: 3 M kraus rechts str, 1 U, 257 M rechts,1 U, 3 M kraus rechts, 11 StM zusätzlich anschl und die Arbeit zur Rd schließen (= 265 M).

268. R in Obsidian: 3 M kraus rechts, den U rechts verschränkt abstr, 257 M rechts, den U rechts verschränkt abstr, 3 M kraus rechts, 11 StM.

FAIR-ISLE-BORTE

269.–288. Rd: Nach Strickschrift 2 str: 3 M kraus rechts, 1 Zun, 1x die 15.–24. M des MS str, 10x den MS von 24 M, 1x die 1.–9. M des MS, 1 Zun, 3 M kraus rechts, 11 StM (= 285 M).

289. Rd in Obsidian: 3 M kraus rechts, 1 Zun, 279 M rechts, 1 Zun, 3 M kraus rechts, die StM abk und weiter in R str (= 287 M).

290.–291. R in Sand: RM, 2 M kraus rechts, 1 Zun, 281 M rechts, 1 Zun, 2 M kraus rechts, RM (= 289 M).

Anschließend alle M in Sand mit einem I-Cord abk (siehe Seite 24 im Grundlagenteil).

FERTIGSTELLEN

Die StM sichern und durchtrennen (siehe Seite 21 und 22 im Grundlagenteil). Anschließend die StM doppelt nach innen umschlagen und am Tuch mit kleinen Stichen festnähen.

Die Fäden sorgfältig vernähen. Das Tuch gemäß den Herstellerangaben des Garns waschen, spannen und trocknen lassen.

LEGENDE

▪ = 1 Masche glatt rechts: In Hinreihen 1 Masche rechts, in Rückreihen 1 Masche links stricken

○ = 1 Umschlag

◣ = 2 Maschen rechts überzogen zusammenstricken: 1 Masche abheben, 1 Masche rechts stricken, dann die abgehobene Masche über die gestrickte ziehen.

◢ = 2 Maschen rechts zusammenstricken

● = 1 Masche kraus rechts: In Hin- und Rückreihen 1 Masche rechts stricken.

▲ = 3 Maschen rechts überzogen zusammenstricken: 1 Masche wie zum Rechtsstricken abheben. Die folgenden 2 Maschen rechts zusammenstricken, dann die abgehobene Masche über die gestrickte Masche ziehen.

 = Noppe: Mit der Häkelnadel in das angegebene Maschenglied stechen, eine Schlinge durchziehen, * den Faden um die Häkelnadel legen, erneut in dieselbe Masche einstechen und den Faden durchziehen *, von * bis * noch 2x wiederholen. Den Arbeitsfaden durch alle auf der Häkelnadel liegenden Schlingen ziehen, den Faden noch einmal um die Häkelnadel und durch die einzelne Schlinge ziehen. Nun von hinten in die Masche unterhalb der Noppe einstechen, den Faden holen und durch beide Schlingen ziehen. Die Noppe auf die rechte Stricknadel legen.

STRICKSCHRIFT 1

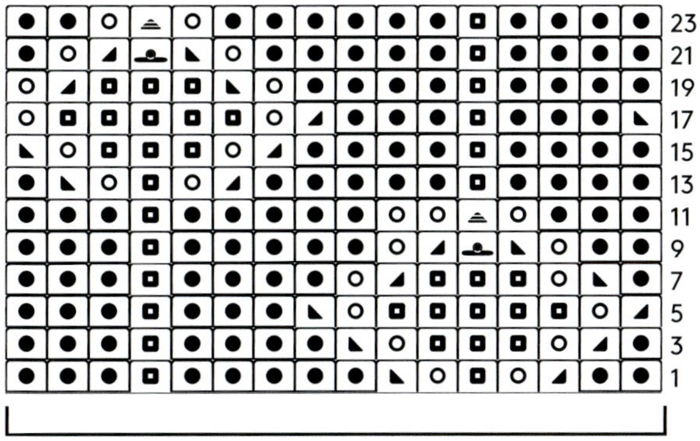

Mustersatz = 16 Maschen

HINWEIS: In den Rückr die M und U mustergemäß bzw. gemäß Anleitung (siehe 7.–10. R) str.

STRICKSCHRIFT 2

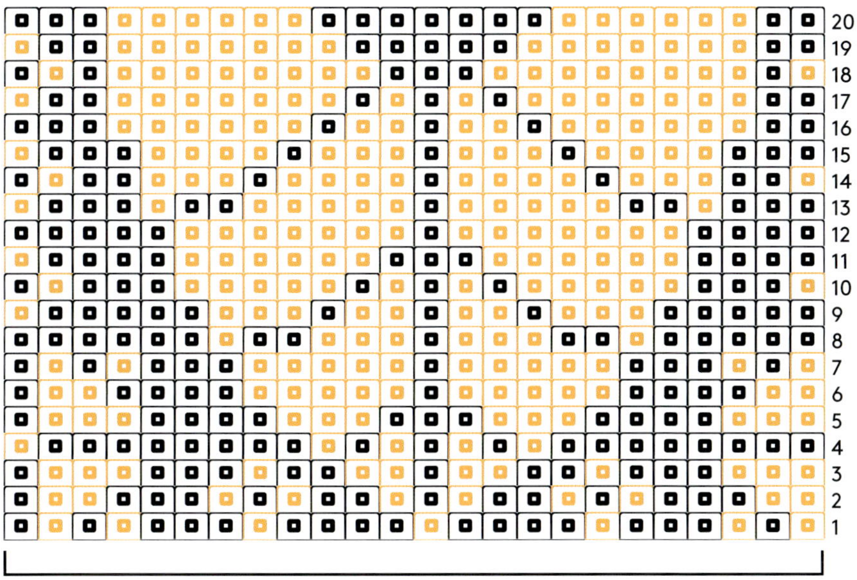

Mustersatz = 24 Maschen

LOOP MAYA

Extra!

MATERIAL

Siehe Angaben Tuch: ein Rest davon in Sand und Obsidian oder 1 Strang in Sand und ein Rest in Obsidian, Rundstricknadeln 4,0 mm, 60 cm lang, Häkelnadel 3,5 mm

GRÖSSE

Ca. 64 cm Umfang, 31 cm Höhe

SO GEHT'S:

128 M in Obsidian anschl und die Arbeit zur Rd schließen.

1. Rd: Alle M rechts str.

2.–9. Rd: * 1 M rechts, 7 M links *, von * bis * 16 x str.

Anschließend gemäß Strickschrift 1 in Sand str und den MS über 16 M 8 x in der Rd str, dabei darauf achten, dass sich die Mittel-M der Musterraute direkt über die rechte M der 2.–9. Rd legt.

Die 1.–24. Rd des MS 3 x str, die 1.–12. Rd des MS 1 x str. Beachten Sie bitte, dass hier in Rd gestrickt wird und die kraus rechten M in den Zwischen-Rd links, die U in der 1.–12. Rd rechts und in der 13.–24. Rd links gestrickt werden. Anschließend noch 1 x die 2.–9. Rd in Obsidian str, auch hier darauf achten, dass sich die rechte M direkt über die Mittel-M der Musterraute legt. Dann alle M mustergemäß abk und die Fäden sorgfältig vernähen.

TJARA TUCH

MAYA TUCH

ELIDA TUCH

ÜBER DIE *Autorin*

Schon als kleines Kind hat Andrea Brauneis ihre Leidenschaft für Wolle und Handarbeiten entdeckt. Schnell war klar, dass Stricken ihr Steckenpferd ist, und sie konnte ihr Hobby zum Beruf machen. Durch eine private Designausbildung mit praktischem Schwerpunkt sowie vielen Workshops – vornehmlich in Skandinavien und Schottland – konnte sie ihr Wissen ständig erweitern. Mittlerweile ist sie als freie Designerin tätig und lebt mit ihrer Familie in München.

Weitere Publikationen im EMF-Verlag: Tücher in Runden stricken, erschienen im Januar 2020, und Double-face-Tücher in Runden stricken, erschienen im August 2020.

Mitschauen: www.instagram/strickzeit

Eigene Strickzeit Modelle zeigen: www.instagram/strickzeit_modelle

Schicken Sie mir ihr Foto von Ihrem Tuch: andrea.brauneis@vodafone.de

Mitstricken: www.facebook.com/strickzeit/Zeitzum-Stricken

DANKSAGUNG

Nach fast genau einem Jahr und ca. 20.000 Metern verstricktem Garn waren 21 Tücher und 5 Loops gestrickt, das Manuskript inklusive der Anleitungen geschrieben und somit der Grundstein für dieses fantastische Buch gelegt.

Die letzte Seite eines Buches ist immer dafür reserviert, all den großartigen Menschen und Firmen zu danken, die maßgeblich daran beteiligt waren, und das möchte ich hiermit tun:

* dem kompletten EMF-Team, natürlich hier besonders meiner Projektmanagerin Isabella Krüger, die dieses Werk möglich gemacht haben.

* meinen Modell- und Teststrickerinnen Lila, Christine, Lilly, Nora und Luise, die mit viel Freude und Eifer getestet und gestrickt haben.

* der Fotografin Corinna Brix, die wieder einmal superschöne Fotos von den Tüchern gemacht hat.

* meiner Lektorin Regina Sidabras, die jede Anleitung auf Herz und Nieren überprüft hat und somit den letzten Schliff gegeben hat.

* den Wollsponsoren, die großzügig die Garne für die Islandtücher zur Verfügung gestellt haben:

Lang Yarns, Isager, Pascuali Filati, Lettlopi, Sandnes Garn, Rowan und Rauwerk Wolle.

Und last, but not least, meinen Töchtern und meinem Mann, die immer für mich da sind, mich in meinem Tun unterstützen und mir den Rücken freihalten, damit ich Freiraum und Zeit zum Designen und Schreiben habe.

Vielen Dank dafür, nur mit euch/Ihnen war es möglich, dieses tolle Buch zu schreiben.

NOCH MEHR
schöne Bücher

Islandpullover stricken

ISBN: 978-3-96093-511-7

22,00€ (D) / 22,70€ (A)

Tücher in Runden stricken

ISBN: 978-3-96093-596-4

19,99€ (D) / 20,60€ (A)

Doubleface-Tücher in Runden stricken
ISBN: 978-3-74**59-0041**-5
17,99 € (D) / 18,50 € (A)

Mix and Match! Socken stricken
ISBN: 978-3-960**93-512**-4
15,99 € (D) / 16,50 € (A)

IMPRESSUM

Bibliografische Information der Deutschen Bibliothek.

Die Deutsche Bibliothek verzeichnet diese Publikation in der Deutschen Nationalbibliografie.

Detaillierte bibliografische Daten sind im Internet über http://www.dnb.de/abrufbar.

EIN BUCH DER EDITION MICHAEL FISCHER

1. Auflage 2021

Cover: Sonja Bauernfeind

Layout: Meritt Hettwer

Satz: Nathalie Hochholzer

Fotos: © Corinna Brix, München

Projektmanagement: Isabella Krüger

Lektorat: Regina Sidabras, Berlin

ISBN 978-3-7459-0110-8

Gedruckt bei Polygraf Print, Čapajevova 44, 08001 Prešov, Slowakei

www.emf-verlag.de